하루 한 번 나를 발견하는 시간

책이 있는 마을

레프 톨스토이(Lev Tolstoy)

야스나야 폴랴나의 전원에서 태어나 천진난만하고도 시적인 소년 시절을 보냈다. 청년기에는 작위적인 방탕에 빠졌으나 23세에 캅카스(코카서스)의 포병대 사관후보생으로 웅대한 자연과 벗하게 되면서 문학에 눈을 뜬 뒤, 『전쟁과 평화』, 『안나 카레니나』, 『부활』, 『참회록』 등 문학사상 불멸의 걸작을 남겼다.

평생을 통해 영과 육의 싸움에 괴로워하며 늘 자연인이 되기를 갈망했던 그는, 1910년 방랑생활에서 얻은 병으로 작은 시골역 관사에서 파란 많은 삶을 마쳤다.

이 책은 우리나라에서 『인생독본』으로 널리 알려진 톨스토이의 『독서의 고리』에서 주옥같은 글을 가려 뽑고 독자들이 글을 읽은 감상이나 자신의 생각을 적을 수 있도록 편집하여, 단순히 읽는 책이 아니라 독자들이 참여하여 함께 만들어가는 책으로 꾸몄다.

러시아의 작가 알렉산드르 솔제니친은 『인생독본』을 일러 이렇게 말했다.

"이 세상에서 단 한 권의 책만 가지라 하면 나는 주저 없이 톨스토이의 『인생독본』을 선택하리라."

최종옥

한국외국어대학교 경제학과를 졸업하고, 서강대학교 대학원에서 경제학을 전공했다. 대한항공, 코카콜라, 외국계 금융기관에서 자금 및 국제금융 업무를 담당했다. 현재 북코스모스 대표로 활동하면서 여러 매체에 경제·경영 분야 서평을 기고하고 있다.

옮긴 책으로는 『하쿠나 마타타』, 『괜찮아, 잘될 거야』, 『폴 마이어의 성공 시크릿』, 『유럽 제국주의 경제학』, 『리눅스 혁명과 레드햇』, 『어니스트 섀클턴 극한상황 리더십』, 『마켓 리더의 조건』, 『퓨처 리더십』, 『최고의 인생을 위한 게임』 등이 있다.

톨스토이 인생노트

초판 1쇄 인쇄 · 2019년 1월 12일
초판 7쇄 발행 · 2019년 12월 31일

지은이 · 레프 톨스토이
옮긴이 · 최종옥
펴낸이 · 이춘원
펴낸곳 · 책이있는마을
기 획 · 강영길
편 집 · 이경미
디자인 · GRIM_dizein@hanmail.net
마케팅 · 강영길

주 소 · 경기도 고양시 일산동구 무궁화로120번길 40-14(정발산동)
전 화 · (031) 911-8017
팩 스 · (031) 911-8018
이메일 · bookvillagekr@hanmail.net
등록일 · 1997년 12월 26일
등록번호 · 제10-1532호

잘못된 책은 구입하신 서점에서 교환해 드립니다.
책값은 뒤표지에 있습니다.
ISBN 978-89-5639-305-6 (03320)

이 도서의 국립중앙도서관 출판예정도서목록(CIP)은 서지정보유통지원시스템 홈페이지(http://seoji.nl.go.kr)와 국가자료공동목록시스템(http://www.nl.go.kr/kolisnet)에서 이용하실 수 있습니다.(CIP 제어번호 : CIP2018040785)

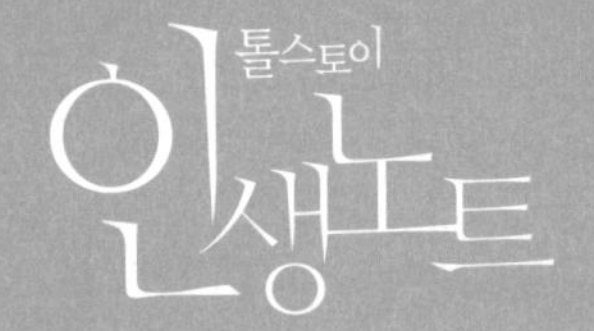

NOTES FOR LIFE

LEV TOLSTOY

레프 톨스토이 지음 • 최종옥 옮김

지은이 서문

이 책에 실린 인용문구들은 수많은 작품이나 전집에서 추린 것이다. 그 인용문구들 밑에 저자의 이름은 밝혀놓았지만, 그것의 정확한 출전이나 책 제목을 표시하지는 않았다. 더러는 이 인용문구들이 쓰인 원서를 번역한 것이 아니라, 내가 알고 있는 언어로 번역된 책에서 추린 것도 있어서 번역이 원문과는 꼭 들어맞지 않는 경우도 있다.

독일, 프랑스 또는 이탈리아 사상가들의 글을 번역할 때, 그 원문을 엄격하게 따르지 않고 대체로 이해하기 쉽게 줄였으며, 경우에 따라서는 일부 단어를 생략하기도 했다. 독자들은 파스칼이나 루소 등의 인용문구들이 원문과 다르다고 말할지도 모른다. 하지만 문장을 바꿔 그들의 사상을 보다 잘 이해할 수 있다면 그것이 큰 문제는 아니라고 생각한다. 그러므로 이 책을 다른 말로 번역하려는 사람이 있다면, 굳이 영국 시인 콜리지나 독일 철학자 칸트, 프랑스 사상가 루소 등의 원문을 찾을 필요 없이 내 글을 그대로 번역하라고 권하고 싶다.

이 인용문구들이 원문과 다른 또 하나의 이유는, 길고 복잡한 주장에서 하나의 사상을 뽑아내려면 표현을 분명하게 하고 통일성을 주기 위해 몇몇 단어나 구절은 바꾸지 않을 수 없었다. 어떤 부분은 내가 쓰는 단어로 완전히 바꾼 것도 있다.

내가 이 책을 쓴 목적은 단순히 위대한 사상가들의 글을 옮기는 데 있지 않다. 오히려 일반 대중들이 매일매일 쉽게 읽고 접하여 그들의 위대한 지적 유산들을 활용하자는 데 있다.

아무쪼록 이 책을 읽는 독자들이 내가 이 책을 저술하면서 경험했던, 또 수정증보판을 내기 위해 다시 읽으면서 경험했던 그 지혜롭고 고양된 감정을 맛보기 바란다.

레프 톨스토이

1908년 3월

차 례

사랑은 모든 것을 극복한다

선으로 악을 이겨라

인간이라면 실수도 할 수 있는 법이다

생명이 있는 한 희망이 있다

삶을 원하거든 죽음을 준비하라

역경을 헤치고 별을 향하여

태양빛은 모든 곳을 비춘다

꼭! 실천해야 하는 나만의 원칙 만들기

: 지금까지의 삶에서 반드시 버려야 할 습관 3가지

1.

2.

3.

: 앞으로 살아가면서 반드시 배워야 할 것 3가지

1.

2.

3.

: 나와의 약속을 지키기 위해 꼭 기억해야 할 다짐 1가지

Love conquers all

사랑은
모든 것을 극복한다

사악한 것은 항상 매혹적인 모습으로 다가온다

우리는 지식을 되새김질할 수 있어야 한다. 책의 내용을 머릿속에 집어넣는 것만이 능사는 아니다. 아무리 이로운 지식이라도 되풀이하여 외우지 않는다면 우리에게 아무런 힘을 갖게 하지 못할 것이다.
- 존 로크

육체를 좀먹는 독약과 정신을 망치는 독약은 차이가 있다. 육체를 좀먹는 독약은 대부분 그 맛이 쓰고 불쾌하지만 정신에 해를 끼치는 독약은 그 맛이 곧잘 사람을 현혹시킨다. 사악한 것은 항상 매혹적인 모습으로 다가오기 마련이다

좋은 책을 발견하면 만사를 제쳐놓고서라도 읽어라. 그렇지 않으면 영영 읽을 기회를 갖지 못한다.
- 세네카

턱없이 방대한 지식에 얽매이기보다는 단 한 가지일지라도 좀 더 깊고 훌륭한 지식을 얻기 위해 노력하라. 이를테면 저급하거나 조잡한 것이 아니라 하더라도 지식은 그 양보다는 질의 가치를 중시해야 한다.

date / 　　　 / 　　　 /

hour / minute:

하루 한 번 나를 만나는 시간

hour / minute:

하루 한 번 나를 칭찬하는 시간

내일을 위한 오늘의 단어 하나

배움을 소홀히 하는 사람은 아무리 영리해도 큰 실수를 범한다

건전한 지혜의 법칙을 아는 자는 그 법칙을 사랑하는 자만 못하다. 또 법칙을 사랑하는 자는 그것을 행하는 자만 못하다.

- 공자

그대는 마땅히 해야 할 일을 다 했는가? 이는 매우 중요한 문제이다. 왜냐하면 그대에게 주어진 짧은 생애의 유일한 의의는 그대를 지상으로 보내주신 신께서 그대에게 부여한 임무를 충실히 수행하는 것이기 때문이다. 그대는 충실히 수행하고 있는가?

- 탈무드

무릇 덕이 있는 사람은 부덕한 사람의 스승이다. 그러므로 덕이 없는 사람은 매사를 스승으로부터 배워야 한다. 스승의 가르침을 하찮게 여기거나 배움을 소홀히 하는 사람은 아무리 영리해도 큰 실수를 범하는 법이다.

- 노자

사람들에겐 저마다 짊어지고 가야 할 무거운 짐이 있기 마련이다. 그러므로 누구도 혼자 살아갈 수는 없다. 우리는 모두 서로 돕는 가운데 의지하고 위로받는 존재들이다.

date / _______ / _______

hour / minute:

하루 한 번 나를 만나는 시간

hour / minute:

하루 한 번 나를 칭찬하는 시간

내일을 위한 오늘의 단어 하나

인간의 악행을 알게 되면 내 몸에 바늘이 꽂힌 듯이 아픔을 느껴라

선량한 사람들은 서로 의심하는 일 없이 남을 돕는다. 그러나 사악한 사람들은 사람과 사람 사이를 이간시킬 궁리만 한다.

- 중국 격언

우리가 살아가는 이 세계는 1000명의 사람들이 합심해서 서로 노력하는 가운데 각자 흩어져서 일하는 것보다 훨씬 더 많은 것을 창조해나가야 한다. 그러나 이 말이 999명의 사람들이 나머지 한 사람의 노예가 되어야 한다는 뜻은 결코 아니다.

- 존 러스킨

남이 나를 욕하는 소리를 들어도 분개하지 말라. 아첨하는 말을 곧이듣고 기뻐하지도 말라. 타인의 좋지 못한 소문을 듣고 이러쿵저러쿵 같이 떠들지 말라. 오직 덕 있는 사람의 말에만 귀를 기울여야 한다. 그대는 그 말을 들음으로써 행복을 느끼며, 그를 본받기 위해 기꺼이 노력하라. 진리의 근원이 널리 전파되는 것을 기뻐하고, 이 세상에 하나의 선행이 보태졌음을 알게 되면 또한 기뻐하라. 그러나 인간의 악행을 하나라도 알게 되면 그대 자신의 몸에 바늘이 꽂힌 듯이 아픔을 느껴라.

- 동양 잠언

인생의 목적은 행복을 탐구하는 것이라고 생각하라. 그러면 참혹한 현실도 대범하게 받아들일 수 있으리라. 어려운 때일수록 머리는 차갑게, 심장은 따뜻하게 가질 일이다.

date / / /

hour / minute:

하루 한 번 나를 만나는 시간

hour / minute:

하루 한 번 나를 칭찬하는 시간

내일을 위한 오늘의 단어 하나

시련을 참고 견디는 자에게 은총이 있으리라

언짢은 일 때문에 갑자기 마음이 들끓고 혼란스러워질 때는 무엇보다도 마음을 비우고 자제력을 잃지 않도록 하는 것이 최선이다. 평온한 정신 상태를 유지하는 경험을 거듭할수록 의지력은 한층 더 커진다.
- 마르쿠스 아우렐리우스

시련을 참고 견디는 자에게 은총이 있으리라. 신은 모든 사람들에게 시련을 내린다. 어떤 이에게는 재물로, 또 어떤 이에게는 가난과 비천함으로. 재물이 필요한 자에게 인색하지는 않은가? 그것은 부귀를 누리는 자의 시련이다. 스스로 불평 없이 고난의 운명을 견뎌낼 수 있는가? 그것은 가난하고 비천한 자에게 내려진 시련이다.
- 탈무드

사람을 그토록 매혹시키는 그 모든 것, 그리고 그것을 얻기 위하여 사람들이 그토록 흥분하고 골몰하게 되는 그 모든 것, 사실 그것들은 아무런 행복도 가져다주지 않는다. 어떤 한 가지에 정신없이 몰두할 때, 사람들은 자신이 좇는 것에 행복이 있다고 믿어버린다. 지금껏 그런 헛된 욕망에 도달하기 위해서 쏟아부은 노력의 절반만이라도 버리도록 시도해보라. 그대는 그로써 훨씬 더 큰 평화와 행복을 얻게 될 것이다.
- 에픽테토스

항상 선하게 살기 위해 노력해야 한다. 그러나 나쁜 일을 저지르지 않으려는 노력은 더 많이 해야 한다. 그중에서도 욕망을 억제하기 위한 노력은 더욱더 많이 해야 한다.

date / / /

hour / minute:

하루 한 번 나를 만나는 시간

hour / minute:

하루 한 번 나를 칭찬하는 시간

내일을 위한 오늘의 단어 하나

사람은 누구나 영원불멸의 가치를 지니고 있다

이 세상 그 누구에게도 멸시하는 마음을 갖지 말라. 비록 그가 한낱 비천하고 보잘것없는 사람일지라도. 누군가를 비난하고 싶거나 모략하려는 마음은 처음부터 잘라버려라. 타인의 말과 행동을 언제나 선한 마음으로 받아들여라. 사람은 누구나 자신의 인격 속에 영원불멸의 가치를 지니고 있음을 기억하라. 그러므로 우리가 사람들과 더불어 살아가기 위해서는 모든 인격 속에 제각기 존재하는 개성(설령 그것이 인간의 본질과는 다른 방향으로 바뀔지라도)을 비난하지 않고, 다만 조용히 견딜 수 있는 힘을 길러야 한다.
- 쇼펜하우어

유혹에 넘어간 사람을 가혹하게 대하지 말라. 오히려 그를 위로하라. 그대가 남에게 위로받고 싶을 때가 있었던 것처럼.

친절은 이 세상을 아름답게 한다. 모든 배반을 해결해주는 것도 친절의 힘이다. 친절, 그것은 사람들 사이에 얽힌 것을 풀어주고, 어려운 일을 수월하게 해결해주며, 암담한 마음에 기쁨을 안겨준다.

date / /

hour / minute:

하루 한 번 나를 만나는 시간

hour / minute:

하루 한 번 나를 칭찬하는 시간

내일을 위한 오늘의 단어 하나

내 안에서 섬광처럼 반짝이는 영광스런 사상을 정확히 간파하라

지식이란 금전과도 같다. 만약 구슬땀을 흘려 재물을 얻었다면 충분히 자랑할 만하다. 비록 푼돈이라 해도 정직한 노동의 대가로 얻은 것이라면 그 또한 자랑할 가치가 있다. 그러나 아무 일도 하지 않고 길 가는 사람이 던져준 동전을 받은 것처럼 얻은 지식이라면 무슨 자랑거리가 되겠는가.
– 존 러스킨

우리 모두는 자기 자신의 내부에 섬광처럼 반짝이는 영광스러운 사상을 정확히 간파해낼 줄 알아야 한다. 누구에게나 그러한 내면적 영광은, 하늘에 떠 있는 무수한 별만큼이나 많은 시인이나 현자들을 추종하는 것보다 훨씬 더 큰 의미를 갖는 것이다.
– 랠프 월도 에머슨

일순간이라도 좋다. 우리가 최소한의 이기심이라도 버릴 수 있다면 우리는 그 누구에게도 악한 일을 꾀하지 않게 되리라. 빛은 있다. 그럼에도 불구하고 우리는 함부로 그것을 반사하지 않을 따름이다. 만일 우리가 반사하기만 한다면 온갖 사물과 현상이 찬란하게 열릴 것이다.
– 헨리 데이비드 소로

배우는 것이 적을지라도 생각만은 많이 하라. 스승이나 책을 통해서는 다만 그대에게 필요한 것만을 취하라. 교육은 단지 그대의 조력자일 뿐이다.

date / | /

hour / minute:

하루 한 번 나를 만나는 시간

hour / minute:

하루 한 번 나를 칭찬하는 시간

내일을 위한 오늘의 단어 하나

칭찬하는 사람에게서 속히 멀어지고 비난하는 사람의 말에 귀를 기울여라

자기에게 알맞은 자리를 택하기보다는 조금은 낮은 곳을 택하라. 남으로부터 "내려가시오."라는 말을 듣느니 "올라오시오."라는 말을 듣는 편이 훨씬 낫지 않은가.
– 탈무드

성현은 자기 자신에 대해서는 아주 엄격하지만 타인에 대해서는 아무것도 요구하지 않는다. 스스로의 상태에 만족하기 때문이다. 또한 결코 자기 운명에 대해서 하늘을 원망하거나 타인을 비난하지 않는다. 그러므로 불행한 운명에 처해 있을지라도 그 운명을 공손한 태도로 받아들일 줄 안다. 그러나 단순한 인간들은 지상의 영예를 좇기 때문에 위험 속에 떨어지게 된다. 화살이 과녁에 맞지 않았을 때는 화살을 쏜 자신을 탓할 일이지 다른 아무것도 탓하지 말라. 성현은 스스로 이와 같이 행한다.
– 공자

어떤 친구는 그대를 비난할 것이고, 어떤 친구는 그대를 칭찬할 것이다. 이럴 때 그대는 칭찬하는 사람으로부터 속히 멀어지고 비난하는 사람의 말에 귀를 기울여야 한다.
– 탈무드

그대의 악행은 빠짐없이 기억하라. 그리하면 다시는 악행을 저지르지 않게 될 것이다. 그러나 그대의 선행은 되도록 빨리 잊어버려라. 사람이 자신의 선행만을 기억한다며 선행을 베푸는 데 그만큼 인색해질 것이다.

date / 　 / 　 /

hour / minute:

하루 한 번 나를 만나는 시간

hour / minute:

하루 한 번 나를 칭찬하는 시간

내일을 위한 오늘의 단어 하나

참된 사랑으로 용서할 수 없는 것은 아무것도 없다

종교는 사람을 선하게 하는 것 이상의 거룩한 목적을 가지고 있다. 종교는 이 세상에 선한 사람이 계속해서 존재한다는 사실을 증명하고 있다. 종교의 가장 중요한 목적은 이렇듯 선한 사람들을 더욱더 높은 이해의 단계로 끌어올리는 것이다.
- 레싱

어떤 사람이 선한 사람인가? 종교적인 인간만이 선한 인간이다. 그렇다면 과연 선이란 무엇인가? 그것은 양심과 의지의 화합물이다.
- 불교 경전

평화에는 두 가지가 있다. 하나는 소극적 평화이다. 그것은 사람을 피곤하게 하는 시끄러움이 사라진 상태를 말한다. 즉 투쟁 후의 평온이 그것이다. 또 하나의 평화는 더욱 완전한 정신의 평온이다. 이는 모든 것을 이해한 신의 평온이며, 진실로 '신의 왕국이 나에게 임하였노라' 고 찬양할 만한 평화이다. 인간의 행복은 이러한 평화 속에 깃들어 있는 것이다.
- 채닝

만약 우리가 형제나 동포를 용서할 수 없다면 우리는 그들을 사랑하지 않는 것이다. 참된 사랑이란 무궁한 것이다. 그리고 참된 사랑으로 용서할 수 없는 것은 아무것도 없다.

date / /

hour / minute:

하루 한 번 나를 만나는 시간

hour / minute:

하루 한 번 나를 칭찬하는 시간

내일을 위한 오늘의 단어 하나

인간은 오직 사랑 안에서만 존재한다

모든 인간은 저 자신이 생각하는 곳에 존재하는 것이 아니라 사람과 사람 사이, 사랑이 있는 곳에 존재하고 있는 것이다. 인간은 오직 사랑 안에서만 존재한다. 사랑 속에 사는 자는 신과 함께 사는 것이며, 신 또한 그 사람의 마음속에 살아 있다. 신은 사랑 그 자체이기 때문이다.
– 쇼펜하우어

인간의 삶에 고귀함과 비천함이 있는 것처럼 죽음 또한 고귀할 수도 비천할 수도 있다. 인간의 정신적 자아조차도 그 타고난 상태를 극복할 수는 없다. 그럼에도 자기 몸에 들러붙어 있는, 타협할 수 없는 힘에 복종한 자아는 이 거룩한 천명인 죽음을 거부하고 자신이 다스려야 할 성지에서 쫓겨나는 것이다. 반면 이성적이고 정의롭게 천명을 다하여 자신의 몸과 마음을 신의 사랑으로 빛내는 자아도 있다. 즉 양심적인 노동자처럼 자신의 일에 자신의 연장을 사용하며, 자신에게 주어진 모든 재료를 활용할 줄 아는 이들이 그렇다. 이와 같은 자아는 죽음에 임박해서도 조용하고 평화롭게 그 연장과 재료를 거둬들일 줄 알며, 그 어떤 목적을 위해서 자신을 변화시키지 않고 오직 자신에게 주어진 천명의 세계로 들어가는 것이다.
– 카펜터

이 그릇에 담긴 물을 저 그릇으로 옮기기란 아주 쉽다. 지혜라는 것도 그릇에 담긴 물처럼 많이 지니고 있는 사람이 적게 지닌 사람에게 쉽사리 나눠줄 수 있는 것이라면 얼마나 좋겠는가? 애석하게도 지혜의 속성은 그렇지가 못하다. 다른 사람의 지혜를 받아들이기 위해서는 무엇보다도 자기 자신의 노력이 가장 중요한 것이다.

date /   /   /

hour / minute:

하루 한 번 나를 만나는 시간

hour / minute:

하루 한 번 나를 칭찬하는 시간

내일을 위한 오늘의 단어 하나

육체가 사라진 뒤에도 인간의 정신은 영원히 남는다

그대가 남에게 선행을 가르칠 만한 능력이 있다고 해도 그대 스스로 그것을 실천하지 않는다면 오히려 그대는 이웃을 잃을 것이다. 만일 상대방이 그대의 가르침을 따르려고 하지 않는데도 선행을 강요한다면 상대는 그대에게 할 말을 잃을 것이다. 현명하게 남을 다스릴 줄 아는 사람은 그 두 가지를 다 잃지 않는 법이다.
- 중국 격언

단지 불멸만을 염두에 둔다면 미래에 대한 사색을 거늡할 수는 없을 것이다. 과거의 비밀에 대한 상념이 필연적으로 고개를 쳐들 것이기에.

육체가 없어졌다고 해서 인간의 정신마저 소멸하는 것은 아니다. 그것은 육체가 사라진 뒤에도 영원히 남는다.
- 스피노자

완전한 죽음이란 존재하지 않는다. 단지 그것은 인류가 이미 경험하였고, 지금도 계속 경험하고 있으며, 앞으로도 모든 인류가 경험하게 될 하나의 변화일 따름이다.

date /   /   /

hour / minute:

하루 한 번 나를 만나는 시간

hour / minute:

하루 한 번 나를 칭찬하는 시간

내일을 위한 오늘의 단어 하나

자유를 갈구하는 영혼의 소리를 듣지 못하는 삶은 죽음과 다를 바 없다

자기는 지식이 있고 예의가 있으며, 게다가 덕까지 갖추었다고 생각하지만 실제로 가장 지독한 악취를 풍기며 무지 속에서 헤매는 사람들, 즉 인생의 의의를 깨닫지도 못할 뿐만 아니라 도리어 그러한 무지를 자랑거리로 삼아 살아가는 사람들이 얼마나 흔한 세상인가. 정말 어쩔 도리가 없는 무식과 무지로 똘똘 뭉친 이 딱한 사람들을 무슨 수로 깨우칠 것인가.

– 헨리 조지

일찍이 지상에서 발생했던 그 어떤 경우보다 심각한 선악의 투쟁이 시작될 조짐이 나타날 때, 또한 우리들 마음속에서 두 개의 군대, 즉 신의 군대와 악마의 군대가 충돌할 지경에 이르렀을 때, 그리하여 인류의 운명이 자유냐 속박이냐의 갈림길에 서 있을 때 우리가 확실히 알아야 할 것이 있다. 이를테면 인류를 위해서 사사로운 것을 주저 없이 팽개칠 수 있는 자, 남을 구하기 위해서 기꺼이 목숨 바칠 용기가 있는 자, 이런 사람들만이 신의 부름에 응할 수 있는 것이다. 순간적인 쾌락에 마음을 빼앗기고 자신의 내면에 자유를 갈구하는 영혼의 소리가 있다는 것을 알지 못하고 살아가는 것은 죽음을 뜻하며, 자유라는 위대한 명분을 얻기 위해 목숨 걸고 투쟁할 용기가 없는 자들은 곧 멸망할 운명에 처할 것이다.

– 라므네

자신의 인생을 더욱 발전된 단계로 끌어올리기 위해서는 언제라도 자기 자신을 송두리째 내던질 수 있는 각오가 필요하다. 이것은 언제 어디서나 통하는 불변의 법칙이다.

date / 　　　　 / 　　　　 /

hour / minute:

하루 한 번 나를 만나는 시간

hour / minute:

하루 한 번 나를 칭찬하는 시간

내일을 위한 오늘의 단어 하나

인간의 생애에서 가장 중요한 것은 삶의 목적이다

아무런 희생도 없이 인생을 향상시키려는 모든 시도는 허사이다.

잘 알지도 못하는 일에 끼어들어 자신을 괴롭히지 말라. 자기와 관계없는 일에는 되도록 개입하지 않는 것이 현명하다. 그런 부질없는 일에 마음을 허비할 여유가 있다면 자기 수양에나 힘쓸 일이다.

인간의 생애에서 가장 중요한 것은 그가 무엇을 목적으로 살았느냐 하는 것이다. 내개 위인들의 업적은, 그들이 실현한 결과보다는 그 목적과 노력하는 과정 속에서 찾을 수 있다.
- 존 러스킨

제비가 봄이 오기를 기다리기만 한다면 그 봄은 오지 않을 것이다. 마찬가지로 신의 왕국을 세우는 데 있어서도 무작정 기다린다고 해서 이루어지는 것은 아니다.

date /   /   /

hour / minute:

하루 한 번 나를 만나는 시간

hour / minute:

하루 한 번 나를 칭찬하는 시간

내일을 위한 오늘의 단어 하나

전쟁은 인간이 인간이기를 그만두고 오로지 병사가 되도록 강요한다

총소리가 난다. 그는 피를 흘리고 쓰러진다. 우군은 쓰러진 그를 짓밟고 전진한다. 그는 숨이 넘어가고 만다. 그의 죽음은 '불멸의 죽음'이라는 영광의 칭호를 받게 된다. 친구나 친척들은 그를 잊어버리고 만다. 그리고 그가 자신의 행복과 고뇌와 모든 인생을 바친 그 대상은 그에 대해서 아는 것이 전혀 없다. 2, 3년이 지난 후 누가 그의 백골을 찾아내게 되면 그것은 구둣솔로 만들어지기도 하고, 그리하여 장군의 구두에 달라붙은 진흙을 털어내는 신세가 되기도 한다.
- 칼라일

악에는 일정한 형태가 없다. 그리하여 사람들은 종종 망설이며, 때로는 정면으로 맞닥뜨리기도 하는 것이다.

전쟁은 인간이 인간이기를 그만두고 오로지 병사가 되도록 강요한다. 병사의 가장 중요한 임무는 상관에 대한 복종이다. 병사의 가장 큰 만족은 폭풍과 같은 모험이나 위험에 있다. 그들은 평화로운 노동 같은 것과는 아주 등 돌린 존재들이다. 수천 명의 인간을 살해하는 것은 그들에게 고뇌를 안겨주는 대신 승리의 피에 도취된 환희를 일깨워줄 뿐이다.
- 채닝

모든 도덕적인 악행 중에서 전쟁을 일으키는 것만큼 치명적인 악행은 없다.

date /   /   /

hour / minute:

하루 한 번 나를 만나는 시간

hour / minute:

하루 한 번 나를 칭찬하는 시간

내일을 위한 오늘의 단어 하나

진리에 대한 탐구가 시작되는 곳에서 인생은 시작된다

사람은 세 가지 부류가 있다. 하나는 신을 찾고 그 신께 봉사하는 사람들인데, 이런 사람들은 지혜가 충만하고 행복한 사람들이다. 다른 하나는 신을 찾을 수도 없으며 또 찾으려고도 하지 않는 사람들이다. 이런 사람들은 대개 지혜롭지도 못하고 행복하게 살지도 못한다. 마지막으로는 신을 찾아낼 능력이 없으나 신을 찾으려고 애쓰는 사람들이다. 이런 사람들은 지혜는 있을지 모르지만 행복하지는 못하다.
- 파스칼

인류는 어디로 가는 것인가? 우리는 이 문제를 해명할 수가 없다. 가장 높은 지혜는 그대가 어디로 갈 것인가를 탐구하는 과정에서 찾을 수 있다.

진리에 대한 탐구가 시작되는 곳에서 인생은 시작된다. 진리에 대한 탐구가 중단된다면 인생도 거기서 중단되고 마는 것이다.
- 존 러스킨

우리가 서 있는 이 자리가 끔찍한 것은 아니다. 때때로 우리가 움직이고 있는 그 방향이 끔찍한 것이다.

date / ____ / ____

hour / minute:

하루 한 번 나를 만나는 시간

hour / minute:

하루 한 번 나를 칭찬하는 시간

내일을 위한 오늘의 단어 하나

그릇된 지식은 무지보다 더 무서운 것임을 기억하라

우리가 아끼고 사랑하는 물건 중에서 그것이 미완성이기 때문에 애착을 갖는 것들도 있다. 미완성이란 바로 인간의 법칙이다. 거기에는 노력이 필요하고 인간 정의의 법칙인 자애가 필요하다.
- 존 러스킨

지식을 주워 모으려고 돌아다니는 학자는 불쌍한 인간이다. 자아도취에 빠져 있는 철학자나, 인생을 재물 모으기에만 바치는 수전노처럼 탐욕스러운 연구가도 역시 불쌍한 인간이다. 이런 사람들은 대개 자신이 얼마나 불쌍한 인간인지 깨닫지 못하고, 오히려 그 알량한 지식을 과시하기 위해 잔칫집 주인처럼 흥청거린다. 그러므로 속이 허한 사람들은 더더욱 기아에 허덕이게 된다. 왜냐하면 이런 부류의 지식인들은 얄팍한 지식으로 헛배만 불렸지 그 내면은 텅 비어 있기 때문이다.

무지를 두려워하라. 아울러 그릇된 지식은 무지보다 더 무서운 것임을 기억하라. 거짓된 세계로부터 그대의 눈길을 거두어라. 자신의 감정을 믿지 말라. 감정은 종종 자기 자신을 속이는 법이다.
- 붓다

모든 사람에게 필요한 지식이 있다. 사람이 이러한 지식을 소유하지 않는 이상, 다른 모든 지식은 그에게 해로운 것이다.

date / ______ . ______ / ______

hour / minute:

하루 한 번 나를 만나는 시간

hour / minute:

하루 한 번 나를 칭찬하는 시간

내일을 위한 오늘의 단어 하나

사람들이여, 혀끝으로만 사랑하는 척하지 말라

호화로운 식탁에 둘러앉아서 기름진 음식을 먹으며 담소를 즐기면서도, 거리를 헤매 다니는 사람들의 슬픈 울음소리에 마음을 쓰기는커녕 도리어 그들을 거짓말쟁이라고 꾸짖는다면 그보다 더 부당한 처사가 어디 있을까? 생각해보라. 단 한 조각의 빵 때문에 거짓말을 하게 되는 경우가 우리에게는 없을 것인가? 그대들은 어떻게 생각하는가? 그러한 경우에는 그 사람을 동정해주는 것이 마땅하지 않은가? 아니, 그보다도 그 사람을 그 결핍 상태에서 구원해주는 것이 당연하지 않은가?

– 조로아스터

아무리 지위가 높다 할지라도 동포들의 곤경을 보고 마음을 열지 않는 사람들 위에 어찌 신의 사랑이 머물 수 있으랴? 사람들이여, 혀끝으로만 사랑하는 척하지 말라. 실제 행동으로써 사랑하라.

– 성경

먼저 남의 것을 약탈하기를 멈추라. 그런 다음에 자선을 베풀라. 만약 한 사람을 발가벗김으로써 다른 사람을 따뜻하게 한다면 그것은 자선이 아니라 죄악이다.

– 조로아스터

살아 있는 동안 이웃사람들을 박해한 자들은 죽어서도 결코 자비가 무엇인지 알지 못한다. 그들은 마치 탐욕스러운 부자와도 같다.

date /

hour / minute:

하루 한 번 나를 만나는 시간

hour / minute:

하루 한 번 나를 칭찬하는 시간

내일을 위한 오늘의 단어 하나

남을 제대로 알고 싶을 때는 자신의 마음속을 들여다보라

사랑하라. 그대에게 고통을 준 자를 사랑하라. 그대가 욕하고 미워하던 자를 사랑하라. 자기의 마음속을 숨기고 보여주지 않는 자를 사랑하라. 모든 사람을 사랑하라. 그때 비로소 그대는 맑은 물속을 들여다보듯 그 사람들의 내부에 존재하는 성스러운 사랑의 본성을 볼 수 있을 것이다.

– 세네카

"신은 초인종을 누르지 않고 들어오신다."라는 말을 기억하라. 이 말의 참뜻은 우리 인간과 영혼 사이에는 장벽이 없다는 것, 인간(결과)과 신(원인)과의 관계에서도 벽이 없다는 것을 의미한다. 이제 벽은 헐리고 우리들은 신의 본성 속으로 알몸뚱이가 되어 스며들어 간다.

– 랠프 월도 에머슨

자기 자신을 알고 싶을 때는 남이 하는 일을 주의 깊게 관찰해보라. 그러나 남을 제대로 알고 싶을 때는 자신의 마음속을 들여다보라.

– 조로아스터

사랑이 가져다주는 용기, 평화, 환희는 참으로 위대하다. 사랑의 내면적인 행복은 우리가 서로 사랑하면서 외면적으로 얻을 수 있는 행복과는 비교할 수 없으리만큼 고귀한 것이다.

date / _____ / _____

hour / minute:

하루 한 번 나를 만나는 시간

hour / minute:

하루 한 번 나를 칭찬하는 시간

내일을 위한 오늘의 단어 하나

위선인가 아닌가, 매순간마다 자신의 모습을 들여다보라

정신은 그 자체로서 스스로의 검사 역할을 하고, 또한 판사가 된다. 이것저것 무엇이든지 모르는 게 없는 그대의 정신에 상처를 입히지 말 일이며, 차원 높은 내면 판단을 가로막지도 말 일이다.

– 마누

그대는 매순간마다 자신의 모습을 들여다보라. 이것은 위선인가 아닌가, 아니면 이것이 그대의 참모습인가를 정확히 알아야 한다. 그래야만 정의롭고 바르게 행동하며 주어진 운명에 따라 살 수 있는 것이다. 그대가 바로 이러한 경지에 도달했다면 타인의 말이나 행동, 소문에 대해서도 냉정한 입장을 취할 수 있게 된다. 그런 일에 대해서는 무심해질 수도 있는 것이다. 나아가 남들이 모두 쓸데없는 일에 골몰하고 있을 때, 그대 스스로 해야 할 일을 틀림없이 완수해낼 수 있을 것이다.

– 마르쿠스 아우렐리우스

참으로 이상한 일이다. 도대체 어느 시대를 막론하고 악인들은 자신의 비열한 행위에 종교나 도덕 혹은 조국을 위해 봉사한다는 허울 좋은 명분을 씌우지 못해 안달이니 말이다.

– 하이네

사람들은 항상 남을 헐뜯기 좋아한다. 설령 다른 사람들과 잘 지내고 싶은 경우에도 남을 욕하지 않고는 못 배기는 게 사람의 마음이다.

date / / /

hour / minute:

하루 한 번 나를 만나는 시간

hour / minute:

하루 한 번 나를 칭찬하는 시간

내일을 위한 오늘의 단어 하나

덕이 높은 사람은 자기 스스로 덕이 높다고 생각하지 않는다

인간의 마음에 있는 덕성은 보석과 같은 성질을 가지고 있다. 언제 어느 때나 변함없이 천연의 아름다움을 간직하고 있다.
- 마르쿠스 아우렐리우스

가끔씩 죽음에 대하여 생각해보라. 그리고 그대도 머지않아 죽음을 맞게 될 것이라 생각하라. 그대가 무슨 일을 해야 할지 몰라 갈팡질팡하거나 심각한 번민에 빠져 있을 때라도, 당장 오늘 밤이면 죽을지도 모른다고 생각한다면 그 번민은 곧 해결될 것이다.

덕이 높은 사람은 자기 스스로 덕이 높다고 생각하지 않는다. 그리하여 그는 더욱 큰 덕을 쌓게 되는 것이다. 덕이 높은 사람은 자만하지 않으며, 또 자기를 내세우려고 하지도 않는다. 오히려 덕이 없는 사람이 기고만장하여 자기를 치켜세우는 법이다.
- 노자

죽음에 대한 진지한 사색 없이 그저 죽음을 떠올리기만 하는 것은 부질없는 일이다. 굳이 죽음을 의식하며 살아갈 필요는 없다. 다만 죽음이 매순간 임박해오는 것을 자각하면서도 평화롭고 즐겁게 살아가는 것이 지혜로운 삶이다.

date / 　　　　　.　　　　　/

hour / minute:

하루 한 번 나를 만나는 시간

hour / minute:

하루 한 번 나를 칭찬하는 시간

내일을 위한 오늘의 단어 하나

내가 만든 원칙 체크해보기 1

: 아직 버리지 못한 습관과 그 이유는?

1.

2.

3.

: 배우기 시작한 것과 미루어 놓은 것은?

1.

2.

3.

: 나의 다짐 리마인드 하기

Overcome evil with **Good**

선으로
악을 이겨라

+

바로 우리의 삶 속에 천국도 있고 지옥도 있다

길거리에 호두나 과자를 뿌려놓으면 곧 아이들이 덤벼들어 서로 그것을 차지하기 위해 싸움을 할 것이다. 어른들은 그런 것을 두고는 다투지 않는다. 그러나 땅에 떨어진 것이 빈껍데기뿐이라면 아이들도 덤벼들지 않을 것이다. 나에게 금전, 지위, 명성, 영예 등은 아이들이 좋아하는 호두나 과자 같은 것이다. 물론 내 손바닥에 우연히 호두나 과자가 굴러 떨어졌는데도 먹지 않는다는 것은 아니다. 그러나 그것을 줍기 위해 허리를 굽히거나 남과 싸우지는 않는다는 뜻이다.
– 에픽테토스

예지의 세계에는 한계가 없다. 인간은 진리 안에서만 자유롭다. 그리고 진리는 깨달음 속에서 이루어진다.

우리는 각자 어떤 사상을 갖고 있느냐에 따라 천국이나 지옥을 경험하게 된다. 그 사상이 선하면 천국에 있는 것이요, 악하다면 지옥에 있는 것이나 마찬가지이다. 결국 천국이나 지옥은 하늘에 있는 것도 아니고 땅속에 있는 것도 아니다. 바로 우리의 삶 속에 천국도 있고 지옥도 있는 것이다. 그것은 마치 달팽이가 평생 껍데기를 짊어지고 다니는 것과 같은 이치이다.
– 맬러리

우리는 자유롭지 못하다. 자기 자신의 정욕이나 혹은 타인에게 속박되어 있는 것이다. 이러한 현상은 우리가 이지의 세계에서 멀리 떨어져 있을수록 더욱 심화되어 간다. 참된 자유는 오류를 일깨워주는 이지의 힘으로써만 얻어지는 것이다.

date /   /   /

hour / minute:

하루 한 번 나를 만나는 시간

hour / minute:

하루 한 번 나를 칭찬하는 시간

내일을 위한 오늘의 단어 하나

아직 깨달음의 길에 이르지 못한 사람은 욕망의 노예이다

우리가 일상생활에서 겪는 모든 일들은 우리들 사상의 결과이다. 우리의 생활은 우리 자신의 마음속에서, 우리가 갖고 있는 생각 속에서 이루어지는 것이다. 만약 우리가 악한 마음을 품고 살아간다면 평생 번뇌의 수레바퀴에 끌려다니는 신세가 될 것이다. 그러나 항상 선한 마음에서 우러나오는 말과 행동으로 세상을 살아간다면 평생 기쁨을 그림자처럼 달고 다닐 것이다.

– 붓다

아직 깨달음의 길에 이르지 못한 사람을 일컬어 욕망의 노예라고 부른다. 그는 부자가 되고 싶은 욕망 때문에 모든 고난을 견뎌왔다. 그러나 얻고 싶은 것을 얻은 뒤에도 그는 늘 무엇인가 부족한 것처럼 생각되어 좀처럼 마음의 평화를 얻지 못한다. 그는 만약 자기가 위대한 장군이 될 수 있다면 모든 불행은 끝날 것이고, 자기는 이 세상의 중심이 될 것이라 믿었다. 그리하여 그는 다시금 욕망의 대장정에 나선다. 온갖 치욕을 참아가면서 노예처럼 고생하고 오로지 정상에 서기 위하여 모든 어려움과 굴욕을 견뎌냈건만 끝내 행복은 찾아오지 않았다. 그가 진실로 모든 불행에서 자유로워지기를 원했다면 이 한 가지를 깨우쳤어야 했다. 과연 무엇이 인간의 참다운 행복인가를 깨달아야 했던 것이다.

– 에픽테토스

자기 내부나 타인의 내부에서 이루어진 생활의 근본을 변화시키기 위해서는 어떤 사건을 계기로 할 것이 아니라 그 사건을 일으킨 사상과 싸우지 않으면 안 된다.

date / / /

hour / minute:

하루 한 번 나를 만나는 시간

hour / minute:

하루 한 번 나를 칭찬하는 시간

내일을 위한 오늘의 단어 하나

마음속 질병을 없애려면 끊임없는 자기 수양으로 스스로를 닦아나가라

우리를 가장 강렬하게 사로잡는 것은 쾌락을 탐하는 욕망이다. 이 욕망은 절대로 만족되는 일이 없다. 만족하면 만족할수록 더욱 커질 뿐이다.

살아가는 동안 인간에게는 세 가지 유혹이 찾아든다. 거칠고 강렬한 육체적 욕망, 스스로 우쭐해지는 교만함, 격렬하고 불순한 이기심이 바로 그것이다. 그 때문에 인간은 과거에서 미래에 이르기까지 영원히 불행에서 빠져나오지 못하는 것이다. 만약 인간에게 이 세 가지 유혹이 없었더라면 좀 더 완전한 자아실현에 도달할 수 있었을 것이다. 그토록 끔찍한 무질서를 초래하는 요인, 누구나 마음속에 지니고 있는 이 무서운 질병의 근원을 차단하기 위해 우리는 어떤 대책을 세워야 할 것인가. 해답은 단 한 가지, 바로 끊임없는 자기 수양으로 스스로를 닦아나가는 길밖에 없다.
– 라므네

예전에는 심한 욕망에 사로잡히게 했던 그 어떤 것이 지금은 아주 하찮은 경멸의 대상이 되고 있음을 생각해보라. 지금 그대가 갈망하고 있는 모든 것이 또한 언젠가는 그렇게 되리라. 그대는 욕망을 만족시키려고 애쓰면서 얼마나 많은 것을 잃어버렸는가. 미래도 현재와 조금도 다를 바 없다. 매사에 욕망을 억제하라.

date / 　　　 / 　　　 /

hour / minute:

하루 한 번 나를 만나는 시간

hour / minute:

하루 한 번 나를 칭찬하는 시간

내일을 위한 오늘의 단어 하나

남의 잘못을 들춰내기는 쉽지만 자신의 과오를 깨닫기는 매우 어렵다

한 번의 욕설은 동시에 세 사람에게 상처를 입힌다. 욕을 듣는 사람, 그 말을 전한 사람, 그리고 욕을 한 사람. 그중에서도 가장 심하게 상처받는 사람은 욕설을 내뱉은 바로 그 사람이다.

남을 심판하려는 자는 결국 자기도 심판받게 된다.
– 성경

남의 잘못을 들춰내기는 쉽지만 자신의 과오를 깨닫기는 아주 어렵다. 대부분의 사람들이 남의 실수에 대해서는 말하기 좋아하면서도 자신의 잘못은 기를 쓰고 감추려 한다. 사람은 누구나 남을 흉보기 좋아한다. 그러나 다른 사람의 사소한 잘못 한 가지를 찾아내려고 혈안이 되어 있을 때, 그 자신은 형편없이 나쁜 사람으로 전락해버리는 것이다.
– 붓다

뒤에서 내 욕을 하는 사람은 나를 두려워하는 사람이다. 눈앞에서 나를 칭찬해주는 사람은 나를 경멸하는 사람이다.

date /

hour / minute:

하루 한 번 나를 만나는 시간

hour / minute:

하루 한 번 나를 칭찬하는 시간

내일을 위한 오늘의 단어 하나

어떤 장애물이 앞길을 막아도 물은 거침없이 흐른다

참으로 선량하고 현명한 사람의 가장 큰 특징은 다음과 같은 점이다. 그는 언제나 자기는 아는 것이 별로 없으며 자기보다 뛰어난 사람들이 많다는 것을 의식하고 있다. 그래서 그는 항상 더 많이 알기 위해 노력하며, 결코 남을 가르치려 하지 않는다. 남을 훈계하고 충고하기 좋아하는 사람은 결코 남을 가르치거나 충고할 자격이 없는 사람이다.
- 존 러스킨

물같이 행동하라. 어떤 장애물이 앞길을 막아도 물은 거침없이 흐른다. 둑을 만나면 물은 잠시 흐름을 멈춘다. 그러나 곧 둑을 헤치고 나아간다. 물은 둥근 그릇에나 모난 그릇에나 모두 따를 수 있다. 그러므로 물은 그 무엇보다도 융통성이 있으며, 자유로운 가운데서도 강력한 힘이 있다.
- 노자

성인은 보다 많은 선행을 하고자 해도 힘이 부족함을 슬퍼한다. 그러나 사람들이 그 선행을 외면하거나 오히려 그를 오해하는 일에 대해서는 조금도 슬퍼하지 않는다.
- 공자

스스로를 잘 알고 있는 사람은 자기를 누구보다도 낮게 평가하는 법이다. 자신의 힘을 깨달았다면 그것을 과소평가하기를 두려워하지 말라. 오히려 그 힘을 과장되게 떠벌리지 않을까 두려워하라.

date /   /   /

hour / minute:

하루 한 번 나를 만나는 시간

hour / minute:

하루 한 번 나를 칭찬하는 시간

내일을 위한 오늘의 단어 하나

단순한 것은 항상 사람을 매혹시키는 힘을 갖고 있다

인간의 영혼은 그 내부로부터 독특한 빛을 발하는 맑은 유리구슬과도 같다. 영혼의 빛은 진리의 원천일 뿐만 아니라 외부의 모든 것까지 환히 비춘다. 이럴 때 인간의 마음은 한없이 자유로우며 또한 행복하다. 그러나 그 빛이 외부의 사물을 비뚤어진 영상으로 비출 때 평온한 표면은 물결이 일고 차츰 어두워지며, 이윽고 그 빛조차 꺾이고 마는 것이다.
- 마르쿠스 아우렐리우스

대부분의 인생 문제는 방정식을 푸는 것처럼 간단하다. 그 대답은 극히 단순한 형태로 나타난다.
- 키케로

단순한 것은 항상 사람을 매혹시키는 힘을 갖고 있다. 어린아이와 동물의 세계에서 찾을 수 있는 매력도 그 단순함 속에 있는 것이다.
- 파스칼

모든 기교적인 것, 괴이한 것, 남의 주의를 끄는 것을 피하라. 단순한 것 이상으로 사람에게 친근감을 갖게 하는 것은 없다.

date /

hour / minute:

하루 한 번 나를 만나는 시간

hour / minute:

하루 한 번 나를 칭찬하는 시간

내일을 위한 오늘의 단어 하나

진리를 표현하는 말은 항상 꾸밈이 없고 동시에 매우 단순하다

교묘하게 말을 꾸미고 빈틈없는 태도로 응수하는 사람이 사랑과 덕을 가지고 있는 일은 드물다.
- 노자

그대에게 위대하고 훌륭한 것이 있다 하더라도 그것은 결코 쉽게 얻어진 것이 아니다. 그것을 얻기까지 곤란이 없었던 것도 아니며, 제 스스로 나타난 것도 아니다.
- 랠프 월도 에머슨

진리를 표현하는 말은 항상 꾸밈이 없다. 동시에 매우 단순하다. 가장 위대한 영구불변의 진리는 가장 단순한 것이다. 가장 깊은 지식은 가장 단순하게 표현되는 것이다.
- 파스칼

단순함에는 자연 그대로의 단순성과 예지에서 오는 단순성, 이 두 가지가 있다. 하나는 사랑을 불러오며 다른 하나는 존경을 불러온다.

date /   /

hour / minute:

하루 한 번 나를 만나는 시간

hour / minute:

하루 한 번 나를 칭찬하는 시간

내일을 위한 오늘의 단어 하나

그 누구의 노동이건 땀의 가치는 똑같다

부유한 사람이건 가난한 사람이건, 또는 강한 사람이건 약한 사람이건 일하지 않는 자는 배척되어야 마땅하다. 모든 사람이 어느 한 가지든 자기 스스로 할 수 있는 참된 기술을 배워야 한다.
- 루소

일하라. 노동을 부끄러워하지도 말고 자랑하려고 하지도 말라. 노동은 단지 모든 사람들을 행복하게 만드는 것뿐이다.
- 마르쿠스 아우렐리우스

가장 편안하고 순수한 기쁨 가운데 하나는 노동을 하고 난 뒤에 얻는 휴식이다.
- 칸트

그대가 베푸는 것보다 더 많은 것을 타인에게 요구하지 않는 것은 정의로운 일이다. 자신의 노동이건 타인의 노동이건 그 땀의 가치는 똑같은 것이다.

date /　　　　/

hour / minute:

하루 한 번 나를 만나는 시간

hour / minute:

하루 한 번 나를 칭찬하는 시간

내일을 위한 오늘의 단어 하나

혀끝에 닿는 즐거움을 위해서 죄 없는 생물을 죽이려는 그 마음을 버려라

참으로 신을 이해하는 사람은 두 가지의 특징을 지녔다. 겸손한 마음으로 가난한 사람들을 동정하는 사람이 그 첫 번째 유형이다. 이런 사람은 많이 배웠건 적게 배웠건 상관없이 신을 아는 사람이다. 두 번째 유형은, 어떤 장애물이 있을지라도 그 장애물에 구애됨이 없이 진리를 탐구하려는 지혜가 충만한 사람이다.
– 파스칼

도살장으로 끌려가는 짐승의 그 힘없는 모습을 보면서 우리는 왜 괴로움을 느끼게 되는가. 그것은 반항할 능력도 없으며, 아무 죄도 없는 동물을 죽이는 것이 얼마나 잔인하고 옳지 못한 일인가를 알기 때문이다. 지금 그대가 느끼는 그대로를 실천하며 살라. 혀끝에 닿는 즐거움을 위해서 죄 없는 생물을 죽이려는 그 마음을 버려라.
– 스트루베

보리밭의 비둘기떼를 보라. 비둘기들은 인간들처럼 탐욕스럽게 마구 쪼아 먹지 않는다. 단지 필요한 양만을 취한다. 나머지는 무리 가운데서 가장 약하고 어린 비둘기를 위해서 모아두는 것이다.

date / ___ / ___

hour / minute:

하루 한 번 나를 만나는 시간

hour / minute:

하루 한 번 나를 칭찬하는 시간

내일을 위한 오늘의 단어 하나

사랑이 담긴 말만이 진실을 전하는 유일한 벙법이다

오직 자기 자신의 기본적 사상만이 인생의 진리를 본질적으로 터득하게 한다. 우리가 진정으로 이해할 수 있는 것은 자기 자신뿐이기 때문이다. 타인의 책에서 얻은 사상은 남의 식탁에서 먹다 남은 음식을 가져오는 것과 같으며, 또한 남이 입다 버린 옷을 입는 것과도 같다.
– 쇼펜하우어

진실한 말은 유쾌한 것이 아니다. 유쾌한 말은 진실한 것이 아니다. 선한 사람은 싸움을 좋아하지 않는다. 싸움을 좋아하는 사람은 선한 사람이 아니다. 진실한 지혜는 덕을 행하는 것이지 악을 행하는 것이 아니다.
– 노자

진실을 전하기 위해서는 두 사람이 필요하다. 하나는 그것을 말하는 사람이요, 또 하나는 그것을 듣는 사람이다. 진실을 전하는 유일한 방법은 사랑을 담아 말하는 것이다. 사랑이 담겨 있는 말만이 호소력을 갖는다. 명분만 앞세운 말은 사람을 불편하게 만든다.
– 헨리 데이비드 소로

진리는 인간을 악인으로 만들지도 않고 오만하게 만들지도 않는다. 진리의 방향은 언제나 간명하며 겸허하고, 또한 단순하다.

date / ____ / ____

hour / minute:

하루 한 번 나를 만나는 시간

hour / minute:

하루 한 번 나를 칭찬하는 시간

내일을 위한 오늘의 단어 하나

정신의 향연에 만족하지 못하는 사람은 권태를 느낀다

우리들은 남 앞에서 가면을 쓰는 습관에 길들여진 나머지 심지어는 자기 자신 앞에서도 가면을 쓴다.
- 라로슈푸코

기도하기 전에 먼저 정신을 한곳으로 집중하라. 그럴 수 없다면 차라리 기도를 하지 말라. 기도할 때는 비애의 감정이나 태만, 오락, 잡담 등의 영향이 조금이라도 남아 있어서는 안 된다. 오직 신성하고 평온한 마음이 되었을 때만 기도하라. 만약 마음의 준비가 되지 않았다면 기도는 다음으로 미루는 게 좋다. 습관화된 기도는 대개 진실하지 못하기 때문이다.
- 탈무드

매일같이 먹고 자고 하는 일을 되풀이하면서도 권태를 느끼지 않는다. 그것은 허기와 꿈이 잇달아 나타나기 때문이다. 그러나 배가 고프지도 않고 꿈을 꾸지도 않는다면 먹는 것, 자는 것이 다 귀찮아질 것이다. 즉 정신의 향연에 만족할 수 없다면 사람들은 틀림없이 권태를 느낄 것이다.
- 파스칼

무슨 말이든 입 밖에 내기 전에 반드시 다음의 몇 가지를 생각해보라. 지금 이 말을 과연 해도 되는가 아닌가. 그것이 말할 만한 가치가 있는 내용인가 아닌가. 이 말이 결국 누군가를 헐뜯는 말이 되지는 않는가를…….

date /　　　　　　/

hour / minute:

하루 한 번 나를 만나는 시간

hour / minute:

하루 한 번 나를 칭찬하는 시간

내일을 위한 오늘의 단어 하나

그대가 무슨 말을 하든 그 말은 침묵보다 가치 있어야 한다

신이 우리를 변화시키는 것이 아니다. 우리가 신께 가까이 다가감으로써 스스로 변화되는 것이다.

– 루소

참된 말이란 언제 어느 때 어느 곳에서건 조심성 있게 심사숙고한 뒤에야 입 밖으로 나오는 것이다. 그대가 무슨 말을 하든 그 말은 침묵보다 가치 있는 것이어야 한다.

– 아라비아 격언

무지한 사람은 차라리 잠자코 있는 게 현명하다. 그러나 그가 이 점을 깨우쳤다면 그는 이미 무지한 사람이 아니다.

– 사디

부유한 사람은 선을 행하기가 어렵다. 그가 선을 행하려면 무엇보다도 먼저 부에서 벗어나야 하기 때문이다.

date / 　　　　 / 　　　　 /

hour / minute:

하루 한 번 나를 만나는 시간

hour / minute:

하루 한 번 나를 칭찬하는 시간

내일을 위한 오늘의 단어 하나

인생은 자아의 이상 실현을 위하여 스스로를 전진시키는 것이다

아무리 세련된 예술도 도덕적 이상과 결부되지 않고 다만 예술 자체의 만족만을 추구한다면 쾌락의 도구에 불과하다. 사람들은 쾌락에 골몰하면 더욱 이러한 예술에 열중하게 된다. 그것은 공허한 내면에 대한 불안감 때문이다. 그러나 그것은 결과적으로 끊임없이 자기 자신을 무능하고 불완전한 존재로 전락시키고 만다.

- 칸트

인생은 하는 일 없이 빈둥거리며 자리나 차지하고 있는 것도 아니고, 오로지 행복을 추구하기만 하는 것도 아니다. 실러의 말을 빌리자면, 인생은 투쟁이며 행진이다. 선과 악의 투쟁, 자유와 폭압의 투쟁, 협동과 이기주의의 투쟁이다. 인생은 자아의 이상 실현을 위하여 스스로를 전진시키는 것이다.

- 주세페 마치니

이상은 삶의 안내인이다. 우리에게 이상이 없다면 인생의 확실한 방향을 찾을 수 없다. 방향이 없으면 행동할 수도 없고 살아갈 수도 없다.

date /

hour / minute:

하루 한 번 나를 만나는 시간

hour / minute:

하루 한 번 나를 칭찬하는 시간

내일을 위한 오늘의 단어 하나

선량하게 살다 간 사람의 죽음은 편안하고 평화롭다

삶이란 그대 안에 깃들어 있는 정신이 육체를 이끌어나가는 과정임을 기억하라. 신께서 이 세상을 주관하듯이 정신은 육체를 거느리고 있는 것이다. 죽음이란 그대 자신이 없어지는 것이 아니라 그대의 육체만이 소멸할 뿐이라는 것을 기억하라. 육체가 나타내는 것은 그대 자신이 아니다. 그대의 본질은 정신이다.
- 키케로

인생에서 큰 가치를 느끼며 살았던 사람은 결코 죽음을 두려워하지 않는 법이다.
- 칸트

죽음의 순간은 우리가 비로소 개인주의로부터 벗어나는 순간이다. 개인주의는 인간의 본질이 아니라 인간의 본질을 불구로 만드는 것이다. 그리하여 인간의 본질적 상태로 완전히 부활하는 것이라 할 수 있는 죽음의 순간에 참다운 자유가 찾아오는 것이다. 대개 죽은 사람의 표정이 평화스러워 보이는 것은 바로 이런 까닭이다. 선량하게 살다 간 사람의 죽음은 편안하고 평화롭다. 그러나 생활을 위하여 노력할 의지가 없으며, 그 의지를 거부하는 사람은 침착한 마음으로 죽을 수 있는 특권을 갖지 못한다. 자살하는 사람들은 다만 현실에서 사라지는 것만을 원할 뿐이지 자아가 먼 미래에까지 존속하기를 원하지 않기 때문이다.
- 쇼펜하우어

참된 삶을 맛보지 못한 인간만이 죽음을 두려워한다.

date /

hour / minute:

하루 한 번 나를 만나는 시간

hour / minute:

하루 한 번 나를 칭찬하는 시간

내일을 위한 오늘의 단어 하나

죽음이란 모든 생물에게 끊임없이 일어나고 있는 생리적 현상일 뿐이다

인생에 대하여 냉정하게 판단할 수 있고, 올바른 사고방식을 가진 사람들이라면 한 가지 결론에 도달하게 된다. 죽음이란 모든 생물에게 끊임없이 일어나고 있는 생리적 현상일 뿐이니 두려워할 것 하나 없다는 결론에 이르게 되는 것이다.

– 세네카

지적인 일을 하면서 육체적 고통을 받는 것은 은혜로운 일이다 그러나 정신이 육체적인 욕정 때문에 고통받는 것은 죄악의 대가이다.

곤궁에 처할지라도 자신을 비천하게 생각지 말라. 어떠한 처지에 있더라도 양심적으로 행동하라. 그것이 바로 승리를 얻는 길이다.

– 탈무드

진실한 생활은 우리의 눈에 보이는 외면적인 물질에 있는 것이 아니라 내면적인 것이라는 사실을 항상 기억하라. 가장 가치 있는 나무는 집 짓는 재료로 쓰이는 것처럼 인간은 동물적인 생활에서 벗어나 정신적인 인생을 영위할 때에만 가장 고귀한 존재가 될 수 있음을 명심하라.

date /　　　/　　　/

hour / minute:

하루 한 번 나를 만나는 시간

hour / minute:

하루 한 번 나를 칭찬하는 시간

내일을 위한 오늘의 단어 하나

신은 인간에게 음식물을 보내주고, 악마는 요리사를 보내준다

소크라테스는 모든 사치스러운 생활을 쉽게 물리칠 수 있었다. 그것은 보통 사람들이 하기 어려운 일이다. 식욕을 억제할 줄 모르는 사람들을 향해 그는 이렇게 외쳤다. "과식은 육체와 두뇌, 정신을 해롭게 하는 가장 큰 해악이다."

늘 북적대는 사람들 틈에서 시달리면서 현세적인 목적을 위해 살아가는 사람에게 휴식이란 있을 수 없다. 또한 혼자 고독을 씹으며 정신적 목적만을 위해 사는 사람들에게도 편안함이란 있을 수 없다.

신은 인간에게 음식물을 보내주고, 악마는 요리사를 보내준다.

입을 조심하라. 모든 질병은 입을 통해 들어온다. 조금만 더 먹고 싶다고 느껴질 때 곧바로 식탁에서 일어나면 적당히 먹은 것이다.

date /

hour / minute:

하루 한 번 나를 만나는 시간

hour / minute:

하루 한 번 나를 칭찬하는 시간

내일을 위한 오늘의 단어 하나

욕망은 수시로 모습을 바꿔가며 인간의 정신을 황폐하게 만든다

삶에 염증을 느꼈다고 해서 죽음을 택할 권리는 누구에게도 없다. 모든 사람들에게는 끝까지 완수해야 할 도덕적 의무가 있다. 그 의무에서 벗어나는 길은 죽음이 아니라 끝까지 해내는 것이다.
- 랠프 월도 에머슨

그대는 자기 자신에게 주어진 사명을 다하는 것만이 이 세상에 태어난 목적이라고 생각하라.
- 공자

모든 정신적인 불행과 고뇌의 원인은 무엇인가. 그것은 오직 물질에 대한 애착과 욕심 때문이다. 욕망이란 꼬리에 꼬리를 물고 나타난다. 그러므로 물질적 욕망과 결부된 정신은 한없이 불행하고 항상 번민에 사로잡힌다. 또한 욕망은 수시로 모습을 바꿔가며 인간의 정신을 황폐하게 만든다. 다만 영원히 변치 않는 것에 대한 사랑만이 우리의 정신을 평화롭게 하리라.
- 스피노자

어떤 환경에서 살지라도 의무나 이상이 없는 생활이란 있을 수 없다. 지금 살고 있는 그 불행하고 저주받을 현실 속에도 모든 것이 존재하는 것이다.

date /

hour / minute:

하루 한 번 나를 만나는 시간

hour / minute:

하루 한 번 나를 칭찬하는 시간

내일을 위한 오늘의 단어 하나

양심은 그대 자신의 유일한 증인이다

노동은 모든 사람에게 필요한 것이다. 아이들에게 아무 일도 가르치지 않고, 또 시키지도 않는 것은 장차 그 아이에게 도둑질이나 하라고 가르치는 것과 다름없다.

– 탈무드

그대가 사랑받는 것처럼 남을 사랑하라. 또한 그대가 받는 것만큼 남에게도 베풀라. 항상 자신을 낮추고 남을 이롭게 하라. 관용으로써 분노를 극복하라. 선으로써 악을 정복하라. 나 자신의 어리석은 생각, 그릇된 판단, 잘못을 범하기 쉬운 나쁜 습관을 버려라. 해야 할 일을 하고, 감당해야 할 일을 감당하라. 양심은 그대 자신의 유일한 증인이다.

일하는 것이 인생이다. 일하는 사람의 마음에서는 신의 능력과도 같은 힘이 솟구친다. 신성한 생활력이 샘솟는 것이다. 이 힘은 전능하신 신께서 우리에게 내리신 능력이다. 사람이 하기 힘든 노동일수록 그 가치는 고귀한 것이며 신성한 것이다.

– 칼라일

동물은 자기의 근육을 사용하지 않으면 살아갈 수 없다. 인간도 마찬가지이다. 근육을 올바로 사용하려면 유익한 일, 그리고 무엇보다도 남을 위하여 봉사하는 일에 쓰도록 하라. 이것이 가장 훌륭한 사용법이다.

date / 　　　　　 / 　　　　　 /

hour / minute:

하루 한 번 나를 만나는 시간

hour / minute:

하루 한 번 나를 칭찬하는 시간

내일을 위한 오늘의 단어 하나

두 영혼이 영원히 결합되어 있다는 것은 참으로 위대하다

그대는 배우자에 대한 의무를 저버릴 수도 있다. 또한 그 의무로부터 비롯되는 비애나 슬픔을 피할 수도 있다. 결혼생활의 모든 것을 버리고 그저 떠나버릴 수도 있을 것이다. 그렇다고 해서 그대가 찾을 수 있는 것이 무엇이겠는가? 이번에도 그대에게 남은 것은 비애뿐이다. 그대는 이 비애를 어떻게 감당할 것인가? 지켜야 할 의무를 상실해버린 그 비애를…….
- 조지 엘리엇

부부가 하나 된다는 것은 남편과 아내가 새로운 세계를 향해 둘만의 첫 걸음을 내딛는다는 뜻이다.
- 존 러스킨

두 영혼이 영원히 결합되어 있다는 것은 참으로 위대하다. 서로 의지하고 서로 위로하며 최후의 순간에도 온갖 고통을 무릅쓰고 사랑을 지켜나가는 두 사람의 모습만큼 아름다운 것은 없으리.
- 조지 엘리엇

부부가 서로 사랑하며, 결혼의 목적을 서로의 완성으로 받아들이고, 각자 양심적인 행동과 모범적인 언행으로 서로 돕는다면 얼마나 큰 행복이겠는가!

date / /

hour / minute:

하루 한 번 나를 만나는 시간

hour / minute:

하루 한 번 나를 칭찬하는 시간

내일을 위한 오늘의 단어 하나

내가 만든 원칙 체크해보기 2

: 바뀐 습관으로 달라진 나의 생활 3가지

1.

2.

3.

: 배우는 것이 힘들 때 나에게 힘을 주는 3가지

1.

2.

3.

: 나의 다짐 리마인드 하기 2

To err is human

인간이라면
실수도 할 수 있는 법이다

우리의 평화를 빼앗는 것은 언제나 만족되지 못한 욕망 그것이다

사람들은 스스로 끊임없이 지옥을 만들어내면서도 그곳에 떨어질까봐 두려워한다.
- 맬러리

어떤 일이 그대를 괴롭게 할 때는 다음과 같이 생각하라. 첫째, 다른 사람들은 이보다 괴로운 일을 더욱 많이 겪고 있을 것이다. 둘째, 예전에도 이보다 더 괴로운 일이 나에게 닥쳐왔지만 지금은 오히려 추억거리가 되지 않았는가. 셋째, 지금 나를 괴롭히는 이 일이 언젠가는 좋은 경험이 되어 이보다 더 힘들고 어려운 상황에서 나를 구해줄 수도 있으리라는 것을 생각하라.
- 존 러스킨

자신이 육체적으로 가장 약해졌다는 사실을 깨달았을 때가 정신적으로는 가장 강해질 수 있는 때이다.
- 맬러리

항상 변화하는 환경이 우리의 평화를 빼앗는 것은 아니다. 우리의 평화를 빼앗는 것은 언제나 만족되지 못한 욕망 그것이다. 지금 하고 싶은 일을 하는 사람도 얼마 후면 다시는 그 일을 하고 싶어 하지 않는다. 욕망이란 그같이 변덕스러운 것이다.

date /

hour / minute:

하루 한 번 나를 만나는 시간

hour / minute:

하루 한 번 나를 칭찬하는 시간

내일을 위한 오늘의 단어 하나

그 누구에게도 동물을 학대할 권리는 없다

아이들이 새나 고양이를 희롱하며 놀고 있다면, 그대들은 그런 장난을 해서는 안 된다. 동물을 보호해야 한다고 타이를 것이다. 그럼에도 불구하고 그대들 자신은 비둘기를 사냥하고 경마를 즐긴다. 그리고 동물의 생명을 빼앗아 요리해놓은 식탁 앞에 앉는 것이다. 이 얼마나 어리석고 명백한 모순인가.

잃을 것이 없는 사람이야말로 가장 큰 부자이다.
– 중국 격언

인간의 마음이란 때로는 가장 완성된 상태에 있으며, 때로는 가장 타락한 상태에 놓이기도 한다. 안정된 상태에 있을 때를 조심하라. 항상 그 상태를 유지하며 악한 것을 몰아내기란 더 어려운 일이다.
– 베이컨

우리는 우리와 같은 공기를 나눠 마시고 같은 하늘 아래 숨 쉬고 있는 모든 살아 있는 동물, 또한 죽임을 당할 때에는 공포에 젖은 비명소리로 우리들 양심을 괴롭히는 그 동물들을 학대할 아무런 권리도 갖고 있지 않다.

date /

hour / minute:

하루 한 번 나를 만나는 시간

hour / minute:

하루 한 번 나를 칭찬하는 시간

내일을 위한 오늘의 단어 하나

태양은 지상의 모든 선한 자와 악한 자에게 똑같은 광명을 비춘다

자기를 동정하는 사람을 사랑하기란 쉬운 일이다. 그러나 자기를 배반하고 헐뜯는 자를 비난하지 않고 오히려 사랑하기란 참으로 어려운 일이다.

태양은 지상의 모든 선한 자와 악한 자에게 똑같은 광명을 비춘다. 또한 지상의 모든 옳지 못한 것과 옳은 것들 위에도 빗물은 공평하게 내리지 않은가.

노여운 마음은 사랑으로 극복하라. 악행은 선으로 보답하라. 허위는 정의로 물리쳐라.
- 붓다

날카로운 칼도 비단의 부드러움을 자르지는 못한다. 친절한 언행과 착한 마음씨만 있으면 머리카락 한 올만으로도 코끼리를 이끌어갈 수 있으리라.

date / ______ / ______ / ______

hour / minute:

하루 한 번 나를 만나는 시간

hour / minute:

하루 한 번 나를 칭찬하는 시간

내일을 위한 오늘의 단어 하나

참다운 지혜란 몇 마디 말로써 쉽게 전달되기 어렵다

완전한 인격자는 모든 사람을 사랑한다. 즉 좋은 사람이건 나쁜 사람이건 상관하지 않고 모든 사람들에게 선행을 베푸는 사람이다.
– 마호메트

아는 것이 적은 인간이 말은 많이 하는 법이다. 대개 소인배들은 자기가 알고 있는 것은 무엇이나 대단하게 여긴다. 그리하여 아무 데서나 마구 떠들기를 좋아하는 것이다. 그러나 진짜 아는 게 많은 사람은 항상 말을 적게 한다. 참다운 지혜란 몇 마디 말로써 쉽게 전달되기 어렵다는 것을 알기 때문이다.
– 루소

위대한 학자는 어떤 이론을 들으면 그것을 실증해보고자 한다. 평범한 학자가 그 이론을 들으면 얼마간 깊이 생각해보다가 시간이 지나면 지나쳐버린다. 어리석은 학자는 대번에 그 이론을 조롱하고 만다.
– 노자

선을 베풀고 싶으면 먼저 남을 미워하는 마음을 버려야 한다. 또한 자신의 개인적인 감정 때문에 남을 멸시하는 마음을 품어서도 안 된다.

date / / /

hour / minute:

하루 한 번 나를 만나는 시간

hour / minute:

하루 한 번 나를 칭찬하는 시간

내일을 위한 오늘의 단어 하나

지식도 지나치면 병이 되는 법이다

지식이란 두뇌의 음식물이다. 음식물이 육체를 살찌우는 것처럼 지식도 두뇌를 살찌운다. 그러나 음식을 잘못 먹으면 병이 나는 것처럼 두뇌도 여러 가지 잡다한 지식으로 포화상태가 되면 탈이 나기 마련이다. 그러므로 지식도 지나치면 병이 되는 법이다.

– 존 러스킨

그 사람의 입장에 서보지 않는 한 남의 일에 대해서 이러쿵저러쿵 함부로 말하지 말라. 남은 되도록 많이 용서하되 자기 자신에 대해서는 아무것도 용서하지 말라.

– 탈무드

자기의 결점을 반성하는 사람은 타인의 결점을 캐낼 틈이 없다.

– 공자

모든 지식이 다 참된 것이라면 그것은 모두에게 유익할 것이다. 그러나 지식에도 오류가 있는 법이다. 그러므로 그대가 얻고자 하는 지식의 선택은 엄격하면 엄격할수록 이로운 것이다.

date /

hour / minute:

하루 한 번 나를 만나는 시간

hour / minute:

하루 한 번 나를 칭찬하는 시간

내일을 위한 오늘의 단어 하나

인간은 끊임없이 변화하면서 각자의 길을 걸어간다

사람이 가장 범하기 쉬운 잘못은 남을 착한 사람, 악한 사람, 어리석은 사람, 똑똑한 사람 등으로 구별하려는 습성이다. 인간이란 강물처럼 흐르는 존재이다. 끊임없이 변화하면서 각자의 길을 걸어간다. 인간의 내부에는 모든 가능성이 내포되어 있다. 바보라도 똑똑하게 될 수 있으며, 악인도 착하게 변할 가능성이 있다. 그 반대의 경우도 마찬가지이다. 그러므로 인간은 위대한 것이다. 그런데 어떻게 타인에 대해서 결정적인 판단을 내릴 수 있겠는가? 그는 어떠어떠한 사람이라고 그대가 단정적으로 판단해버린 바로 그 순간, 그는 벌써 다르게 변했을지도 모를 일이다.

인간의 마음이란 스스로 그렇게 되는 것이 아니라, 무엇인가에 강요당해 진리와 절제, 정의와 선에서 멀어지게 되는 것이다. 이 점을 분명히 알게 된다면 우리는 타인에게 좀더 친절한 마음을 갖게 될 것이다.
– 마르쿠스 아우렐리우스

타인을 판단하는 것은 언제나 옳지 못한 일이다. 누구를 막론하고 결코 타인의 마음속에 현재 일어나고 있는 일이나 앞으로 일어날 일에 대해서는 알지 못하기 때문이다.

date / 　　　　 / 　　　　 /

hour / minute:

하루 한 번 나를 만나는 시간

hour / minute:

하루 한 번 나를 칭찬하는 시간

내일을 위한 오늘의 단어 하나

금은보화나 땅을 빼앗는 것만이 도둑질은 아니다

재물이란 가난한 사람들의 결핍이 있었기 때문에 얻을 수 있는 것이다.

금은보화나 땅을 빼앗는 것만이 도둑질은 아니다. 예컨대 물건을 팔거나 사면서 지나치게 값을 비싸게 부르거나, 또는 터무니없이 많이 깎으려고 하는 행위도 강도짓과 다를 게 없다. 약탈하는 물건의 가치로 정의와 불의가 정해지는 것은 아니다. 그것은 양의 많고 적음과는 상관없이 똑같은 결과를 나타내는 것이다.
- 조로아스터

부자의 만족은 빈자의 눈물 속에서 얻어진 것이다.

'부는 노동의 집적'이란 말은 진실이다. 그러나 어떤 사람은 노동에만 종사하고, 어떤 사람은 그 집적의 결과물만을 소유하게 되는 것이 현실이다.

date / 　　　　 / 　　　　 /

hour / minute:

하루 한 번 나를 만나는 시간

hour / minute:

하루 한 번 나를 칭찬하는 시간

내일을 위한 오늘의 단어 하나

마음을
인색하게 쓰는 자는
그것을 잃으리라

남에게 받은 친절은 가끔 잊어버릴 수도 있다. 그러나 내가 베푼 선행은 반드시 흔적이 남기 마련이다.

사심 없이 마음 내키는 대로 봉사하는 사람은 포도나무와 같다. 포도나무는 제 열매를 충실히 맺는 것만으로도 만족할 줄 안다.
- 마르쿠스 아우렐리우스

이익을 얻기 위해 타인과 교제한다면, 그대는 그대의 거짓된 선행에 내하여 아무런 대가도 얻지 못할 것이다. 그러나 이득에 대한 아무런 욕심 없이 사귄다면 그대는 감사의 이익을 얻을 것이다. "마음을 인색하게 쓰는 자는 그것을 잃으리라." 이 말은 모든 사람에게 해당되는 진리이다.
- 존 러스킨

완전한 선은 그 행위 속에 보답이 내포되어 있다. 대가를 의식하면서 베푸는 선은 행위 자체의 즐거움을 완전히 말살해버린다.

date / 　　　/

hour / minute:

하루 한 번 나를 만나는 시간

hour / minute:

하루 한 번 나를 칭찬하는 시간

내일을 위한 오늘의 단어 하나

정의는 도덕적 생활을 영위하기 위한 최초의 조건이다

자기 자신에 대해서는 좋게도 나쁘게도 말하지 말라. 비록 좋게 말한다 해도 남들이 믿어주지 않을 것이다. 또 나쁘게 말하면 남들은 그대가 말한 이상으로 나쁘게 생각할 것이다. 가장 좋은 방법은 자기에 대해서는 아무 말도 하지 않는 것이다.
- 존 러스킨

어떤 물건이든 그것을 사용하는 사람은 반드시 명심해야 할 것이 있다. 그것이 누군가의 노동으로 만들어진 물건이며, 그것을 함부로 쓰거나 파괴하는 것은 인간의 노동을 무시하는 행위라는 사실이다.
- 존 러스킨

인간은 자기보다 이전 시대의 사람이나 자기와 같은 시대 사람들의 노동의 결과에 신세 지지 않고는 살아갈 수가 없다. 그러므로 우리는 얻은 것에 보답하는 뜻에서도 남을 위해 일할 줄 알아야 한다.
- 존 러스킨

정의가 도덕적 생활을 영위하기 위한 최고의 조건이라고는 생각지 않는다. 그러나 최초의 조건임에는 틀림없다. 비록 정의보다 중요한 것이 있을지라도 그것은 철저한 정의의 바탕 위에서 존재하는 것이다.

date / /

hour / minute:

하루 한 번 나를 만나는 시간

hour / minute:

하루 한 번 나를 칭찬하는 시간

내일을 위한 오늘의 단어 하나

시련을 견디는 힘은 오직 겸양을 통해서 얻어진다

사람은 누구든지 타인 속에 자기의 거울을 가지고 있다. 그 거울은 자기 자신의 죄악과 결점을 똑똑히 비춰준다. 그러나 우리는 대개 이 거울에 대하여 개처럼 행동하고 있다. 거울에 비치는 것이 자기가 아니라고 개처럼 짖어대는 것이다.

– 쇼펜하우어

차분히 선행을 이루고 싶지만 뜻대로 되지 않더라도 결코 낙담하지 말라. 만약 그것이 가치 있는 일이라고 생각한다면 아무리 높은 곳에서 떨어지더라도 다시 그리로 올라가도록 노력하라. 시련을 견디는 힘은 오직 겸양을 통해서 얻어진다.

– 마르쿠스 아우렐리우스

세상 사람들 모두가 비방하는 사람들 속에서도 선한 사람을 찾아낼 수 있는 법이다.

– 채닝

참된 사랑은 말이 아니라 그 행실 속에 있다. 그 사랑은 유치하고 단순한 듯하면서도 우리에게 지혜를 주는 것이다.

date / _______ / _______

hour / minute:

하루 한 번 나를 만나는 시간

hour / minute:

하루 한 번 나를 칭찬하는 시간

내일을 위한 오늘의 단어 하나

정신의 고삐를 집어던지지 않도록 노력하라

성자를 대할 때는 자신을 돌이켜보며 나도 성자와 같은 덕을 쌓고 있는가 생각해보라. 악인을 대할 때도 마찬가지이다. 그대 역시 그 악인처럼 행동하지는 않았는지 생각해보라.

– 중국 잠언

'자기 자신을 알라.' 이것은 모든 행동의 기초가 된다. 그러나 자기를 바라본다고 해서 자신을 알 수 있는 것은 아니다. 다른 사람의 눈으로 볼 때 비로소 자기 자신을 똑똑히 알 수 있는 것이다.

– 존 러스킨

인간의 정욕은 처음에는 거미줄처럼 가늘다가 나중에는 동아줄처럼 굵게 변한다. 또한 처음에는 이방인처럼 낯설다. 다음에는 손님처럼 보인다. 그리하여 마지막에는 집주인처럼 사람의 마음속에 눌러앉는 것이다.

– 탈무드

인간은 모든 정욕을 극복해나갈 수 있다. 때로는 자신이 정욕에 압도당하는 것을 느낄지라도, 그것이 정욕을 극복할 수 없음을 증명하는 것은 아니다. 다만 그 순간에만 극복하지 못할 뿐이다. 마부는 말이 말을 듣지 않는다고 해서 당장 고삐를 집어던지지는 않는다. 오히려 더욱 세게 고삐를 잡아당긴다. 절제도 이와 같다. 정신의 고삐를 집어던지지 않도록 노력하라.

date /

hour / minute:

하루 한 번 나를 만나는 시간

hour / minute:

하루 한 번 나를 칭찬하는 시간

내일을 위한 오늘의 단어 하나

무지를
두려워하지
말라

사람은 본래 선하다. 그러나 자신의 잘못을 부정하려고 노력하는 동안에 악인이 되는 것이다.
- 탈무드

무지를 두려워하지 말라. 그보다는 지식의 헛됨을 두려워하라. 모든 악은 지식의 허위로부터 비롯된다.

자신의 한계를 넘는 지식은 단지 혼란을 일으켜 생활에 슬픔을 더해줄 뿐이다.
- 존 러스킨

우리는 자기 양심에 대하여 부끄러움이 많을수록 더욱 남의 죄를 찾아내려는 마음이 생긴다. 특히 자기가 죄스럽게 생각하는 상대방이 저지른 죄악에 대해서 그렇다.

date /

hour / minute:

하루 한 번 나를 만나는 시간

hour / minute:

하루 한 번 나를 칭찬하는 시간

내일을 위한 오늘의 단어 하나

올바른 행실도
습관이 되면
좋을 것이 없다

조급하게 처신하지 말라. 어떤 일에 종사하더라도 꼭 필요한 인간이 될 수 있도록 힘써라. 모든 것 속에서 그대의 생활에 필요한 지혜를 끌어내도록 노력하라. 지혜를 배울 때는 우리 육체가 음식물에서 자양분을 골라내어 섭취하듯이 하라.

– 마르쿠스 아우렐리우스

매사에 항상 조심하라. 어떤 경우에도 신중하지 못했다는 변명은 용납되지 않는다.

– 공자

습관은 어떤 경우에도 결코 좋은 것이 못 된다. 올바른 행실도 습관이 되면 좋을 것이 없다. 이미 그것이 습관으로 굳어버렸다면 옳은 행위도 도덕적인 것이 되지 못하는 것이다.

– 칸트

도덕적인 노력과 그 결과로써 얻어지는 기쁨은 마치 육체적인 노동이 끝나면 휴식의 기쁨이 찾아오는 것처럼 번갈아 오는 것이다. 육체의 노동 없이는 휴식의 기쁨도 있을 수 없다. 도덕적인 노력 없이는 생활의 기쁨도 있을 수 없는 것이다.

date /

hour / minute:

하루 한 번 나를 만나는 시간

hour / minute:

하루 한 번 나를 칭찬하는 시간

내일을 위한 오늘의 단어 하나

죽음은 우리의 본질을 다른 형태로 변화시킨다

신이 인간에게 무엇이든 마음에 드는 것을 선택하라고 한다면, 즉 죽음을 택하든지, 가난과 고통과 질병 속에서 살든지, 혹은 재물과 권력과 건강을 누리지만 그것을 빼앗길세라 시시각각 공포에 떨면서 살든지, 그 어느 쪽이든 택하라고 한다면 우리는 망설일 수밖에 없을 것이다. 그러나 자연은 항상 이 문제를 해결해주고 있다.
– 라브뤼예르

죽음은 유기체의 파멸이다. 이 유기체는 우리가 인생을 받아들이는 하나의 도구였다. 죽음은 바깥을 내다보던 유리창을 깨뜨려버린 것이나 다름없다. 이제 그 유리를 다시 끼울 수 있을지, 부서진 유리창을 통해서 무엇을 보게 될지 우리는 알 수가 없다.

사람들은 죽음에 대해서 잘 알지 못한다. 죽음이 사람에게는 가장 훌륭한 선이라는 사실도 알지 못한다. 오히려 죽음을 가장 큰 악으로 알기 때문에 두려워하는 것이다.
– 플라톤

죽음은 항상 평화롭다. 죽음이란 우리의 본질을 다른 형태로 변화시키는 것이 아닐까? 본질이 소멸되고, 만물의 무궁한 근원과 합류되는 것이 아닐까?

date / /

hour / minute:

하루 한 번 나를 만나는 시간

hour / minute:

하루 한 번 나를 칭찬하는 시간

내일을 위한 오늘의 단어 하나

인생은 눈물의 골짜기가 아니다

무화과나무를 가꾸는 사람은 열매 맺는 때를 알고 있듯이 신은 사람을 불러들일 때를 알고 있다. 죽기를 바라면서도 죽음을 두려워하는 것은 지혜로운 사람이 아니다.
– 아라비아 격언

인생은 눈물의 골짜기가 아니다. 어떤 시련의 마당도 아니다. 인생은 무엇보다도 귀중한 것이다. 인생의 즐거움은 무한하다. 우리는 그 즐거움을 얻기만 하면 된다.

대다수의 인간들은 자기만족에 지나치게 집착한 나머지 말할 수 없는 비탄에 빠지게 된다. 그러나 언제나 기쁨을 그대로 느낄 수 있고, 그 기쁨이 사라지더라도 한탄하지 않는 사람은 인생을 행복하게 살 수 있다.
– 파스칼

기쁘고 즐겁게 살아가기 위한 가장 확실한 조건은 인생을 즐거운 것이라고 믿는 데 있다. 만일 기쁨이 없다면 그대에게 무언가 잘못이 있다는 증거이다.

date /   /

hour / minute:

하루 한 번 나를 만나는 시간

hour / minute:

하루 한 번 나를 칭찬하는 시간

내일을 위한 오늘의 단어 하나

불행 속에서 인생에 도움이 될 만한 것만을 골라내라

늘 옳지 못한 마음가짐으로 살아가는 사람은 그 자신뿐만 아니라 타인에게도 불행을 끼친다. 선량한 정신은 인생의 수레바퀴를 원만하게 회전시키는 기름과도 같은 것이다.

어떤 불행도 차분히 참고 견뎌라. 그리고 그 불행을 행복의 재료가 되게 하라. 위는 음식물 속에서 영양분이 될 만한 것만을 골라서 섭취한다. 나무를 집어넣으면 불길은 더욱 밝게 타오른다. 그와 같이 모든 불행 속에서 인생에 도움이 될 만한 것만을 골라내도록 하라.
- 존 러스킨

그대가 일하기 싫어지는 때가 온다면 아마도 그대가 형편없이 몰락했거나 권력을 휘두르고 있을 때일 것이다.

노동만큼 인간을 고귀하게 하는 것은 없다. 일이 없다면 인간은 인간으로서의 가치를 발휘하지 못할 것이다. 태만한 인간들은 겉으로만 그럴듯한 일을 붙들고 법석을 떤다. 그렇게라도 하지 않으면 남들의 멸시를 받을 것이기 때문이다.

date /

hour / minute:

하루 한 번 나를 만나는 시간

hour / minute:

하루 한 번 나를 칭찬하는 시간

내일을 위한 오늘의 단어 하나

남의 재물로써 사치를 즐기느니 차라리 빈곤한 편이 낫다

일하지 않는 자에게 대지(大地)는 이렇게 말할 것이다.
" 오른손과 왼손을 갖고도 일하지 않았으니 너는 언제까지나 구걸하는 신세를 면치 못하리라. 영원토록 남의 문전에 버려진 찌꺼기를 주워 모으지 않으면 안 되리라."
- 조로아스터

천하고 비굴한 표정을 짓느니 차라리 죽는 게 낫다. 남의 재물로써 사치를 즐기느니 차라리 빈곤한 편이 낫다.
- 인도 격언

행복이나 불행은 모두 타인과의 관계 속에서 비롯된다. 항상 바르게 처신하도록 노력하라. 자기 자신에게 최선을 다하는 사람만이 타인에게도 최선을 다할 수 있는 것이다.
- 맬러리

끊임없는 괴로움 속에서 살아가면서 완성을 바란다는 것은 불가능한 일이다. 완성을 위해 가장 좋은 방법은 스스로의 세계관을 모색하여 파악한 다음, 그 세계관을 모든 일에 적용해나가는 것이다.

date / ______ / ______ / ______

hour / minute:

하루 한 번 나를 만나는 시간

hour / minute:

하루 한 번 나를 칭찬하는 시간

내일을 위한 오늘의 단어 하나

노력하는 것만큼 훌륭한 성공의 비결은 없다

결점을 지적해주는 사람에게 감사해야 한다. 물론 지적을 받았다고 해서 우리의 결점이 아주 없어지는 것은 아니다. 결점이 워낙 많기 때문이다. 그러나 하나하나 지적받는 가운데 우리의 마음은 불안해지기 시작한다. 그리하여 도저히 양심상 가만히 있을 수 없게 되면 그 결점들을 스스로 고치게 되는 것이다.
– 파스칼

새해 첫날의 행실보다 그해 마지막 날의 행실이 더 나은 사람이 좋은 사람이다.
– 헨리 데이비드 소로

나는 노력하는 것만큼 훌륭한 성공의 방법은 없다고 생각한다. 그리고 실제로 잘 되어가고 있다는 사실을 느끼는 것만큼 큰 만족은 없을 것이다. 이것은 내가 오늘날까지 살아오면서 경험한 바이니, 나는 그것을 '행복'이라고 정의하고 싶다. 그것이 행복이라는 것은 내 양심이 증명한다.
– 소크라테스

"일하지 않으면 안 된다." 이 법칙에서 벗어나는 방법은 오직 죄악을 범하는 것뿐이다. 혹은 부정 앞에 아부하고 굴복하는 것도 한 방법이기는 하다.

date / / /

hour / minute:

하루 한 번 나를 만나는 시간

hour / minute:

하루 한 번 나를 칭찬하는 시간

내일을 위한 오늘의 단어 하나

무엇으로 적에게 보복할 것인가, 그를 선하게 만들라

아무도 자기 자신을 모든 면에서 행복한 존재라고는 생각지 않을 것이다. 그러나 완전한 행복은 지혜의 판단에 의지하여 살아갈 때 찾을 수 있는 게 아닐까? 지혜는 우리에게 명령할 것이다. 타인에게 선을 베풀라고, 그것이 자기 자신을 가장 행복하게 만드는 길임을 명심하라고.
– 마르쿠스 아우렐리우스

무엇으로 적에게 보복할 것인가? 그를 선하게 만들라.
– 에픽테토스

친절로써 노여움을 극복하라. 선으로써 악을, 은혜로써 인색함을, 정의로써 허위를 이기도록 하라.
– 불교 경전

악을 선으로 보답했을 때의 기쁨을 한번이라도 경험한 사람은 다음에 그런 기쁨을 얻을 기회를 놓치지 않는다.

date / . /

hour / minute:

하루 한 번 나를 만나는 시간

hour / minute:

하루 한 번 나를 칭찬하는 시간

내일을 위한 오늘의 단어 하나

내가 만든 원칙 체크해보기 3

: 새로 생긴 긍정적인 습관 3가지

1.

2.

3.

: 새로 생긴 부정적인 습관 3가지

1.

2.

3.

: 나의 다짐 리마인드 하기 3

date / ______ , ______ / ______

hour / minute:

하루 한 번 나를 만나는 시간

hour / minute:

하루 한 번 나를 칭찬하는 시간

내일을 위한 오늘의 단어 하나

사소한 선행이 쌓이고 쌓이면 큰 덕이 된다

양심을 속이는 데는 두 가지 방법이 있다. 하나는 외부적인 방법인데, 양심이 가리키는 방향으로는 눈길조차 주지 않는 것이다. 또 하나는 내부적인 방법으로서, 양심 자체를 말살해버리는 것이다.

사람들은 선행에 대한 작은 경험만으로도 번번이 자기는 양심이 깨끗한 사람이라고 자랑하는 버릇이 있다.
- 조니자드 라페스키

어떤 악행도 가볍게 여기지 말라. 그것이 나와는 관계없는 일이라고 생각하지도 말라. 물방울도 모이면 그릇을 가득 채우는 법이다. 조금씩 범하는 악도 쌓이고 쌓이면 헤어날 수 없게 된다. 그 어떤 소행도 소홀히 넘기지 말라. 그런 일은 나 같은 사람이 도저히 해낼 수 없는 일이라는 생각도 하지 말라. 한 방울의 물이 모이고 모여서 큰 대접을 채우듯이 사소한 선행이 쌓이고 쌓이면 큰 덕이 되는 것이다.
- 붓다

악의 시초를 불러일으키는 마음의 그림자가 있다. 악은 보기 흉하고 수치스러운 모양을 하고 있다. 걸음을 멈추고 살펴보라. 악의 그릇인 기만을 발견할 것이다.

date /

hour / minute:

하루 한 번 나를 만나는 시간

hour / minute:

하루 한 번 나를 칭찬하는 시간

내일을 위한 오늘의 단어 하나

신을 찾는 것은 그물로 물을 긷는 일과도 같다

신을 찾는 것은 그물로 물을 긷는 일과도 같다. 그물을 물에 담그면 물이 그물 속에 담긴 것 같지만 그물을 거둬 올리면 아무것도 남아 있지 않다. 사색과 행동으로 신을 찾으려 하는 동안에는 신이 그대의 마음속에 있을 것이다. 그러나 신을 찾아냈다고 생각해서 마음을 놓으면 신은 다시 사라지고 말 것이다.

신은 이미 존재하고 있다. 우리가 존재하고 있다는 사실이 그것을 증명한다. 우리가 무엇이라 부르건 간에 우리의 내부에는 우리가 만들어내지 않은 그 무엇이 존재하고 있는 게 틀림없다. 이 생명의 원천을 신이라고 부르라. 그러나 반드시 그런 이름으로 부르지 않아도 좋다.
– 주세페 마치니

자기의 내부를 깊이 들여다보라. 거기서 우리는 신을 발견하게 되리라.

이전에 내가 이토록 명백한 진리를 알지 못했다는 것은 참으로 놀라운 일이다. 이 세계와 우리 인생을 둘러싸고 있는 그 무엇인가가 있다는 사실, 우리는 마치 끓는 물처럼 그 무엇인가의 내부에서 소란을 떨다 사라지고 마는 존재였다는 사실을 나는 모르고 있었던 것이다.

date / ______ / ______

hour / minute:

하루 한 번 나를 만나는 시간

hour / minute:

하루 한 번 나를 칭찬하는 시간

내일을 위한 오늘의 단어 하나

인간이 부유하게 되는 길은 노동을 하거나, 구걸을 하거나, 훔치거나 하는 세 가지 방법밖에 없다

부유한 자를 존경할 필요는 없다. 그들은 존경받을 자격이 없다. 다만 불쌍히 여길 필요는 있다.

어떤 영국 작가는 인간을 노동자와 거지와 도둑, 세 계급으로 분류하였다. 이러한 분류는 항상 사회의 '높은 계급', '귀한 계급'으로 자처하는 사람들에게는 큰 실례가 될 것이다. 그러나 경제적인 측면에서 볼 때 그것은 꽤 정당한 분류 방법이다. 인간이 부유하게 되는 길은 노동을 하거나, 구걸을 하거나, 훔치거나 하는 세 가지 방법밖에 없기 때문이다. 그중에서도 노동을 하는 사람들이 극히 조금밖에 대가를 얻지 못하는 까닭은 거지와 도둑이 너무 많기 때문이다.
– 헨리 조지

참다운 교양과 올바른 지식을 갖춘 사람은 자기 소유의 재물을 부끄럽게 생각한다.
– 랠프 월도 에머슨

이를테면 그대가 노력하지도 않았는데 보수를 얻었다면 일하고도 보수를 얻지 못하는 사람들이 어디엔가 있음을 알아야 한다.

date /   /   /

hour / minute:

하루 한 번 나를 만나는 시간

hour / minute:

하루 한 번 나를 칭찬하는 시간

내일을 위한 오늘의 단어 하나

부유한 자들이여, 가난한 이웃들을 위해 눈물 흘리고 슬퍼하라

나는 곳곳에서 사회 구성원들의 행복을 추구한다는 명분을 내세워 자신의 이익만을 챙기는 부자들의 추악한 음모를 발견하게 된다.
– 토머스 무어

부유한 자들이여, 가난한 이웃들을 위해 눈물 흘리고 슬퍼하라. 그대들의 재물은 쌓이기만 한 채 썩고 있다. 그대들의 화려한 옷은 장롱 속에서 곰팡이가 피고 있다. 그대들의 재물은 땅에 묻혀서 녹이 슬고 있다. 그 녹은 그대들을 배반할 것이며, 불과 같이 그대들의 살을 태워버릴 것이다. 그대들은 최후의 날까지 재물을 모았다. 그러나 그대들의 밭에서 일한 노동자들에게 지급될 임금은 그대들 손에 갇혀서 울고 있다. 그리하여 가난한 노동자들의 울음소리는 하늘에 계신 신의 귀에까지 울리고 있다.
– 성경

빈곤은 우리에게 참을성과 진리를 가르쳐준다. 나사렛 예수는 빈곤 속에 살았지만 기어이 왕관을 얻지 않았던가. 요셉은 극심한 빈곤 속에서 노예가 되었을 뿐만 아니라 죄수 노릇까지도 하지 않았던가. 그럼에도 불구하고 우리는 더욱 그들을 찬탄해 마지않는 것이다. 사람들에게 보리를 나누어줄 때의 그가 옥에 갇혔을 때보다 더 훌륭하다고 생각지는 않는다. 왕관을 얻었을 때의 그가 쇠사슬에 묶였을 때보다 더 위대하다고 생각지는 않는다.

date / / /

hour / minute:

하루 한 번 나를 만나는 시간

hour / minute:

하루 한 번 나를 칭찬하는 시간

내일을 위한 오늘의 단어 하나

누구나 모든 것을 알기란 불가능하다

별로 내세울 것도 없는 사상을 자랑한답시고 미사여구를 남발하는 작가들이 있다. 그것은 작가가 취할 올바른 태도가 아니다. 작가들이 자신의 사상을 적절한 문법으로 표현할 수 있다면 독자들도 한 단계 높은 지적 성장을 꾀할 수 있을 것이다. 비평가들의 주의를 끌 만한 작품이란 바로 이런 것이 아니겠는가.

- 리히텐베르크

인간은 인생의 목적지에 도달할 수가 없다. 인간은 단지 그 목적지의 방향을 알 수 있을 따름이다.

- 랠프 월도 에머슨

이른바 학문을 한다는 사람이 인생의 진리보다는 말재간에만 신경을 쓴다면 무엇을 깨달을 수 있겠는가. 어떤 악이 가장 옳지 못한 지혜를 낳고, 그런 궤변이 얼마나 진리를 손상시키는 것인지 우리는 알아야 한다.

- 세네카

모른다는 것은 수치도 아니고 손해 보는 것도 아니다. 누구나 모든 것을 알기란 불가능하다.

date / 　　　/　　　

hour / minute:

하루 한 번 나를 만나는 시간

hour / minute:

하루 한 번 나를 칭찬하는 시간

내일을 위한 오늘의 단어 하나

장사꾼 같은 작가나 학자는 참다운 진리를 왜곡시키는 위험한 존재이다

문명은 겉치레의 도금이다. 그래서 간혹 그 안에는 무지가 숨겨져 있기도 한 것이다.

– 맬러리

학식만 있고 아무것도 하지 않는 사람은 비를 내리지 않는 구름과 같다.

참다운 진리를 터득하기 위해서는 실로 많은 곤란을 극복해야 한다. 거짓을 말하는 자는 진리에 대하여 아무것도 아는 게 없는 사람이다. 또한 거나하게 술에 취해 이것저것 떠벌리거나 자신의 이론이 대중들에게 널리 칭송되어지기를 바라는 장사꾼 같은 작가나 학자는, 참다운 진리를 왜곡시키는 위험한 존재이다.

중요한 것은 지식의 양이 아니라 질이다. 우리는 꽤나 많은 것을 알고 있으면서도 가장 필요한 것은 알지 못하는 경우가 다반사이다.

date / 　　　　　 / 　　　　 /

hour / minute:

하루 한 번 나를 만나는 시간

hour / minute:

하루 한 번 나를 칭찬하는 시간

내일을 위한 오늘의 단어 하나

타인에게 선을 베푸는 사람은 선량한 사람이다

사람의 운명 자체보다는 그가 스스로의 운명을 어떻게 생각하고 있는지가 더 중요하다.

– 훔볼트

타인에게 선을 베푸는 사람은 선량한 사람이다. 선을 행하기 위하여 고난을 겪는다면 그는 더욱 선량한 사람이다. 선을 행한 사람을 위하여 고난을 무릅쓴다면 그는 더욱더 선량한 사람이다. 선을 계속 행하기 위하여 더 많은 고난을 겪는다면 그는 더할 수 없이 선량한 사람이다. 그 때문에 목숨까지 버리게 된다면 그는 가장 위대한 영웅이다.

– 라브뤼예르

남의 행복을 위하여 자기의 이익을 버리고 노력하는 것만큼 큰 행복은 없다. 그것은 영원한 행복을 찾는 지름길이다. 자기의 이익을 위해서 힘을 다하듯이 우리는 사회 공공의 이익을 위하여 진력하는 가운데 평화와 행복을 얻을 수 있다.

– 세네카

정신적인 생활에 힘쓰는 사람에게 자기부정은 행복에 이르는 지름길이다. 동물적인 생활에 빠져 있는 사람에게 가장 중요한 일이 정욕의 만족이듯이.

date / _______ / _______

hour / minute:

하루 한 번 나를 만나는 시간

hour / minute:

하루 한 번 나를 칭찬하는 시간

내일을 위한 오늘의 단어 하나

좋은 것이란 거의 언제나 그 가치에 비해 값이 싸다

도덕과 지혜와 좋은 습관을 잃어버린 사람들은 참으로 불행하다. 그것은 재물이나 가족의 건강 같은 세속적인 행복을 잃어버린 것보다 더 불행한 일이다.

진실로 지혜로운 사람은 모든 불필요한 것을 버리고 마지막까지 자기에게 필요한 것만을 취한다.
- 랠프 월도 에머슨

좋은 것이란 거의 언제나 그 가치에 비해 값이 싸다. 나쁜 것이란 거의 언제나 그 가치에 비해 값이 비싸다.
- 헨리 데이비드 소로

참된 진리는 항상 단순한 것이다. 단순한 것은 아름답고 선하다. 그럼에도 불구하고 세상에 단순한 사람이 이토록 적은 것은 참으로 놀라운 사실이다.

date / 　　/

hour / minute:

하루 한 번 나를 만나는 시간

hour / minute:

하루 한 번 나를 칭찬하는 시간

내일을 위한 오늘의 단어 하나

무릇 위대한 일은 겉으로 드러나지 않는다

모든 낭비는 남들과 똑같이 하려는 마음에서 비롯되는 것이다. 남이 먹는 것을 보면 자기도 그것을 먹기 위해 빚을 얻기까지 한다. 그러나 우리는 지식을 쌓거나 정신의 아름다움을 위해서는 결코 그렇게 많은 지출을 하려고 하지 않는다.

– 랠프 월도 에머슨

인간은 자신의 본질을 육체적인 것과 정신적인 것으로 구별해서 느끼기도 한다. 자신의 본질을 육체적인 것으로 느끼는 사람은 자유롭지 못하다. 그러나 자신의 본질을 정신적인 것으로 느끼는 사람은 어떤 속박도 느끼지 않는다.

무릇 위대한 일은 겉으로 드러나지 않게 겸손하고 단순한 상태에서 진행되는 법이다. 번개가 번쩍이고 천둥이 칠 때는 밭을 갈거나 집을 짓지도 못하고 가축을 부릴 수도 없다. 위대하고 참된 일은 이처럼 항상 단순하고 신중한 것이다.

– 채닝

인간은 스스로를 육체적 존재로부터 정신적 존재로 어느 정도 이동시킬 수 있느냐에 따라서 자유의 폭이 커지기도 하고 작아지기도 한다.

date /

hour / minute:

하루 한 번 나를 만나는 시간

hour / minute:

하루 한 번 나를 칭찬하는 시간

내일을 위한 오늘의 단어 하나

모든 그릇된 일 끝에는 반드시 고통이 따른다

타인을 심판하는 것은 죄악이다. 때로 그것은 가장 잔인하고 부정한 짓이다. 어쩌면 내가 심판했던 그가 나를 칭찬하며 나에게 선을 베풀고 있을지도 모르는 것이다.

사람은 누구나 항상 자기가 좋다고 생각하는 일을 하게 된다. 만일 실제로 그 일이 좋은 일이라면 누구보다도 그 자신에게 나쁜 결과를 가져오고 만다. 모든 그릇된 일 끝에는 반드시 고통이 따르기 때문이다. 이 점을 늘 기억한다면 남에게 화를 내거나 짜증을 내지 않을 것이다. 또 남을 비난하거나 꾸짖지도 않을 것이며, 사이가 벌어지지도 않을 것이다.
- 에픽테토스

두 사람 사이에 싸움이 벌어졌다면 그 싸움의 원인을 따져볼 것도 없이 두 사람이 다 옳지 못하다. 어느 한쪽이 옳았다면 싸움은 일어나지 않았을 것이다. 매끄러운 거울에다 성냥을 그을 수가 없듯이.
- 세네카

가장 일반적인 착오는 모든 사람이 어떤 일정한 성격을 갖고 있다고 생각하는 데 있다. 이를테면 착한 사람, 악한 사람, 어진 사람, 어리석은 사람, 성미가 급한 사람, 냉정한 사람 등으로 분류하는 것은 옳지 못한 것이다. 인간은 그렇게 분류할 수 있는 대상이 아니다. 더구나 남에 대해 함부로 나쁜 판단을 내리는 것은 전혀 바람직하지 않은 일이다.

date /

hour / minute:

하루 한 번 나를 만나는 시간

hour / minute:

하루 한 번 나를 칭찬하는 시간

내일을 위한 오늘의 단어 하나

육체적인 노동은 결코 두뇌 활동에 방해가 되지 않는다

병자를 간호할 때 죽음이 가까워졌다는 사실을 숨기는 것보다는 그가 인간의 본성인 신의 세계로 되돌아오도록 의식을 회복시켜주는 것이 더욱 중요하다.
- 소크라테스

질병은 사람이 살아가면서 얻게 되는 하나의 상황이다.

게으름은 행복의 근원이며, 노동은 성가신 의무라는 생각은 참으로 위험한 발상이다. 육체적인 노동은 결코 두뇌 활동에 방해가 되지 않는다. 오히려 두뇌가 목적 없이 헛된 일을 꾀하는 것을 막아주는 구실을 한다.

질병은 육체적인 힘을 죽이는 한편 정신적인 힘을 해방시킨다. 어떤 면에서 질병은 차라리 정신적 행복을 더욱 크게 해주는 것이다.

date / / /

hour / minute:

하루 한 번 나를 만나는 시간

hour / minute:

하루 한 번 나를 칭찬하는 시간

내일을 위한 오늘의 단어 하나

사람이 무엇 때문에 살아야 하는지 모르고 지낼 수는 없다

큰 공장에서 일하는 노동자는 자기가 하고 있는 부분적인 일이 전체적인 목적을 이루는 데 얼마나 중요한지 알지 못한다. 그러나 훌륭한 노동자라면 자기가 하고 있는 일이 얼마나 중요한 일인지 반드시 알고 있을 것이다. 이와 마찬가지로 우리는 삶의 목적이 무엇인지, 우리에게 주어진 인생이 얼마나 중요한 것인지 분명하게 인식해야만 한다.

– 존 러스킨

사람이 무엇 때문에 살아야 하는지 모르고 지낼 수는 없다. 인생에서 가장 분명히 해야 할 것은 바로 그 목적이다.

인생이란 인식을 통해 열리는 문이다. 그 문은 언제 어디서나 열릴 수 있다. 그 문을 열 수 있는 열쇠가 어딘가에 감춰져 있을 것이라고 생각하는 것은 착각이다.

– 세네카

어떠한 일이 일어나더라도 낙심하지 말라. 이미 묻어버린 과거의 일로 애태우지 말라. 반드시 해야 할 일을 하라. 할 일을 시작했다면 강력하게 추진하라. 별과 같이 잠자지 말고 쉬는 일 없이.

date /　　　/　　　/

hour / minute:

하루 한 번 나를 만나는 시간

hour / minute:

하루 한 번 나를 칭찬하는 시간

내일을 위한 오늘의 단어 하나

반드시 해야만 하는 것을 알면서도 하지 않는 자는 비겁하다

모든 인간은 자기 자신에 대한 존경을 요구할 수 있다. 그와 마찬가지로 모든 사람은 그 이웃을 사랑할 의무가 있다.
- 칸트

우리는 위험 속에 있는 죽음보다도 위험 밖에 있는 죽음을 더 두려워해야 한다.
- 파스칼

반드시 해야만 하는 것을 알면서도 하지 않는 것, 그것이 바로 비겁이란 것이다.
- 존 러스킨

생활의 기반을 육체 속에 두면 그대는 두려움을 느끼게 될 것이다. 그러나 생활의 근본을 정신의 토대 위에 세운다면 모든 공포심은 봄눈 녹듯 사라지게 되리라.

date /   /

hour / minute:

하루 한 번 나를 만나는 시간

hour / minute:

하루 한 번 나를 칭찬하는 시간

내일을 위한 오늘의 단어 하나

논쟁의 목적은 상대를 화나게 하는 것이 아니라 설득하는 것임을 잊지 말라

남과 싸울 때 화를 낸다면 그것은 이미 진리를 위한 싸움이 아니라 자기 자신을 위한 싸움이 된다.
- 칼라일

논쟁을 하려면 말투는 얌전하게, 그러나 논지는 확실하게 전달하도록 노력하라. 또한 상대방을 노하게 하지 말라. 논쟁의 목적은 상대를 화나게 하는 것이 아니라 설득하는 것임을 잊지 말라.
- 윌킨스

사람들 사이의 싸움은 제방을 무너뜨리는 것과 흡사하다. 한번 둑이 터지면 다시는 막아낼 수가 없는 것이다.
- 탈무드

그대가 진리를 터득했거나 또는 진리를 깨달아가고 있는 중이라면 그것을 가장 단순한 방법으로, 상대방의 의견을 공격하지 않는 범위 내에서 전달하라. 결코 그를 얕잡아보거나 굴복시키려는 분위기를 만들지 말라.

date / 　　　　/　　　　/

hour / minute:

하루 한 번 나를 만나는 시간

hour / minute:

하루 한 번 나를 칭찬하는 시간

내일을 위한 오늘의 단어 하나

슬기로운 사람은 알기 위해서 배운다

악덕을 범한 사람들을 선도하기 위해서 그 사람의 결점을 말할 필요는 없다. 굳이 말하지 않아도 그것은 그들 마음속에 인식되어 있는 것이다. 그러므로 그들의 내부에 있는 덕성에 대해서만 말하라.

- 맬러리

슬기로운 사람은 알기 위해서 배운다. 우매한 사람은 남에게 알려지기 위해서 배운다.

- 붓다

도덕적 완성에 도달하기 위해서는 무엇보다도 먼저 정신이 결백하도록 마음을 써야 한다. 정신의 결백은 마음이 진실하며 의지가 신성한 사람만이 이룰 수 있다. 대개 정신이 결백한 사람들은 참된 지식을 갖추었다.

- 공자

사상은 합법적인 인생의 힘이다. 그것은 인간의 내부에 싹트는 것이며, 그 내용 여하에 따라서 저주를 받기도 하며 혜택을 받는 결과를 초래하기도 한다.

date / ______ / ______

hour / minute:

하루 한 번 나를 만나는 시간

hour / minute:

하루 한 번 나를 칭찬하는 시간

내일을 위한 오늘의 단어 하나

말은 땅에 뿌린 씨앗과 같아서 사물을 계시하는 힘이 된다

그대가 품고 있는 사상, 또는 그대의 행위가 결국은 선이나 악을 행하는 능력의 원천이 된다. 그것은 성장하고 발전하여 훗날 다시금 그대에게로 되돌아간다.

– 맬러리

항상 행동을 바르게 하라. 특히 아이들 앞에서는 더욱 그러하다. 아이들에게 약속한 일은 무슨 일이 있더라도 지켜야 한다. 아이들과 한 약속을 어기는 것은 결국 아이들에게 허위를 가르치는 것과 다를 바 없다.

– 탈무드

말은 땅에 뿌린 씨앗과 같아서 사물을 계시하는 힘이 된다. 그러나 우리는 이런 사실을 잊고 있다. 말 한마디의 결과는 측량할 수 없는 영향력을 가진다. 언어란 참으로 깊은 뜻을 내포하고 있는 것이다. 그러나 우리는 어리석다. 우리는 육체적 존재이기 때문에 보이는 것만을 중시하는 것이다. 우리는 길거리의 돌이나 나무를 볼 수 있다. 물질적인 것은 무엇이든 다 볼 수 있다. 그러나 우리는 눈에 보이지 않는 사상의 부피까지 깨닫지는 못한다. 그것은 공중에 가득 차 있으며, 항상 우리들 주위에 떠돌고 있음에도 말이다.

– 아미엘

가까운 사람들의 사상을 받아들이도록 노력하라. 그리고 그대가 좀 더 나은 사상으로 보답할 수 없다면 적어도 모호한 강변이나 거짓된 사상을 퍼뜨리지 않도록 노력하라.

date /

hour / minute:

하루 한 번 나를 만나는 시간

hour / minute:

하루 한 번 나를 칭찬하는 시간

내일을 위한 오늘의 단어 하나

죽음은 생의 형식을 바꾼 것에 지나지 않는다

남을 아는 사람은 총명한 사람이다. 스스로를 아는 사람은 덕 있는 사람이다. 남을 이기는 사람은 강한 사람이다. 자기 자신을 이기는 사람은 마음이 강한 사람이다. 죽음으로써 모든 것이 소멸되는 것이 아니라는 진리를 깨달은 사람은 영원한 생명을 얻은 사람이다.

- 노자

생명은 불멸이다. 그것은 시공을 초월한다. 죽음은 생의 형식을 바꾼 것에 지나지 않는다.

우리는 우리 자신의 어딘가에 죽음에 속하지 않는 그 무엇이 존재한다는 것을 느끼고 있다.

창밖을 지나가는 사람의 모습이 나의 시야에서 빠르게 사라지건 느리게 사라지건 사실은 변하지 않는다. 그대가 내 눈에 보이는 동안 존재하고 있었으며, 내 눈앞에서 사라진 후에도 존재하고 있었다는 것을 나는 안다. 그것은 추호도 의심할 수 없는 사실이다.

date / 　　　　　　.　　　　/

hour / minute:

하루 한 번 나를 만나는 시간

hour / minute:

하루 한 번 나를 칭찬하는 시간

내일을 위한 오늘의 단어 하나

그대 자신 말고 그대를 구원할 사람은 아무도 없다

자기 자신을 떠나서 행복을 찾으려는 사람은 어리석은 사람이다. 현재나 미래를 불문하고 행복은 자기 자신 속에서 찾아야만 한다.

운명에 우연은 없다. 인간은 어떤 운명과 마주치기 전에 자기 자신이 그 운명을 만들어내는 것이다.
- 아벨 빌러맹

죄악을 생각하고 죄악을 범하는 것은 바로 그대 자신이다. 또한 죄악을 꺼리고 깨끗한 삶을 살아가려고 노력하는 것도 그대 자신이다. 죄악이나 결백은 그대 자신에게 달려 있다. 그대 자신 말고 그대를 구원할 사람은 아무도 없다.
- 불교 경전

옳은 일을 하지 않는 사람이 반드시 나쁜 것은 아니다. 그보다 더 나쁜 사람은 정당한 일을 하려는 마음조차 갖지 않는 사람이다.

date /　　　　　/　　　　/

hour / minute:

하루 한 번 나를 만나는 시간

hour / minute:

하루 한 번 나를 칭찬하는 시간

내일을 위한 오늘의 단어 하나

내가 만든 원칙 체크해보기 4

: 버려야 할 습관을 완벽하게 버렸는가?

1.

2.

3.

: 아직 완벽하게 버리지 못했다면 그 이유는?

1.

2.

3.

: 나의 다짐 리마인드 하기 4

If you want to endure life, prepare yourself for death

삶을 원하거든
죽음을 준비하라

사람들을 인도하려면 그들의 앞이 아니라 뒤에 서야 한다

사람들이 서로 자기가 가장 키가 크다고 우기는 바람에 싸움이 벌어졌다. 이를 불쌍히 여긴 그리스도께서 말했다. "큰 자는 작은 자와 같이 하라. 위에 서는 자는 섬기는 자와 같이 하라. 가장 큰 자는 섬기는 자로다."

– 성경

겸양은 사랑을 불러일으킨다. 선을 동반한 겸양은 사람의 마음을 이끄는 미덕이지만 그것은 오직 스스로의 힘으로 찾아야 한다. 저절로 나타나는 것은 아니기 때문이다.

흐르는 물이 골짜기 전부를 지배하려면 물은 그 골짜기보다 낮은 곳을 흘러야 한다. 성인의 도리도 이와 같다. 사람을 따르게 하려면 겸양의 미덕으로 이끌어야 한다. 사람들을 인도하려면 그들의 앞이 아니라 뒤에 서야 한다. 그러므로 성인은 사람들을 조금도 거북하지 않게 하면서 그들보다 훨씬 앞서가게 되는 것이다.

– 노자

자기 자신을 판단하지 말라. 남과 비교하는 짓은 더더욱 하지 말라. 자기 자신을 판단하고 비교할 대상은 오직 '완성'뿐이다.

date / 　　　　　/　　　　　/

hour / minute:

하루 한 번 나를 만나는 시간

hour / minute:

하루 한 번 나를 칭찬하는 시간

내일을 위한 오늘의 단어 하나

도덕은 항상 새로운 출발선 위에 있다

우리들 내부에는 자신의 존재를 환히 비춰주는 빛이 있다. 우리는 그 빛을 통해서 자신이 얼마나 옹졸하고 어리석었는지 알게 되고 몹시 놀라게 된다. 이어 마음 깊은 곳에서 부끄러움이 물밀듯 밀려오는 것을 느낀다. 자기 내부에 이런 모습이 숨어 있으리라고는 꿈에도 생각지 못했으리라. 그러나 놀랄 필요는 없다. 절망할 필요도 없다. 이미 그 이전보다 나아진 것이다.

– 페늘롱

평생 배움을 멈추지 말라. 지혜의 완성을 바라며 늙기만 기다릴 수는 없는 노릇 아닌가.

– 솔론

도덕이란 언제나 앞으로 나아가는 것이다. 그것은 항상 새로운 출발선 위에 있다.

– 솔론

자기완성의 길에서 결코 멈추지 말라. 만일 자신의 내면보다 외부적인 세계에 대한 흥미가 더 커지는 순간이 있다면, 바로 그때 세계는 그대 곁을 스쳐 가고 그대는 그 자리에 멍청히 서 있게 될 것이다.

date / 　　　 / 　　　 /

hour / minute:

하루 한 번 나를 만나는 시간

hour / minute:

하루 한 번 나를 칭찬하는 시간

내일을 위한 오늘의 단어 하나

진리는 이 세상의 시작부터 마지막까지 존재한다

참으로 어리석은 사람들은 손으로 만져보고 느낄 수 있는 것만이 실재하는 것이라고 생각한다.
- 플라톤

쇠사슬에 결박되어 처형되기만을 기다리는 사람들의 경우를 한번 생각해보라. 그들은 모두 죽음 앞으로 가까이 다가가고 있다. 그리고 매일 그들의 일부는 다른 사람들의 눈앞에서 죽어가고 있다. 그리고 뒤에 남은 사람들은 차례를 기다리면서 자기의 운명을 똑바로 본다. 많은 사람들의 생활이 대개 이러한 것이다.
- 파스칼

모든 현세적인 것은 하루아침에 소멸될 운명을 타고났다. 모든 것은 결국 죽어 없어지고 말 것이다. 그러나 진리는 이 세상의 시작부터 마지막까지 존재할 것이다.
- 칼라일

우리는 이 세상에 살고 있는 것이 아니라 잠시 이 세상을 지나가고 있을 뿐이다.

date /

hour / minute:

하루 한 번 나를 만나는 시간

hour / minute:

하루 한 번 나를 칭찬하는 시간

내일을 위한 오늘의 단어 하나

우리는 자기도 모르게 추락 지점을 향해 달려가고 있다

인간은 주먹을 쥐고 이 세상에 태어난다. 마치 "이 세계는 내 것이다." 라고 말하는 것처럼. 그리고 이 세상을 떠날 때는 손바닥을 보이며 죽는다. 마치 "나는 아무것도 안 가지고 빈손으로 떠난다." 라고 말하는 것처럼.
- 탈무드

우리는 자기도 모르게 추락 지점을 향해 달려가고 있다. 누구도 앞날을 보지 못하기 때문이다.
- 파스칼

그대는 지금 곧 세상을 떠나야 할 운명이지만 얼마간 더 살게 된 것이라고 생각하라. 앞으로 남은 시간은 원래 내게 주어진 시간이 아니라 뜻밖의 선물로 받게 된 것이라고…….
- 마르쿠스 아우렐리우스

삶과 죽음에 대한 의문의 해답을 선조들의 지혜로부터 얻는다고 해도 그 모든 해답의 선택과 깨우침은 그대 자신에게 달려 있는 것이다.

date /

hour / minute:

하루 한 번 나를 만나는 시간

hour / minute:

하루 한 번 나를 칭찬하는 시간

내일을 위한 오늘의 단어 하나

아무도,
그리고 어떤 것도
두려워하지 말라

어떤 상황에서도 그대는 모든 악으로부터 안전하다고 생각하라. 아무리 못되고 사악한 인간도 그대의 영혼까지 해칠 수는 없다. 자, 이제 무엇을 고민하는가?

– 에픽테토스

이 세상에서 진리에 설복당하는 것을 두려워하는 사람보다 더 불행한 사람은 없다.

– 파스칼

영혼은 모든 것을 알고 있다. 그 어떤 새로운 사건도 영혼을 놀라게 할 수는 없다. 영혼보다 위대한 것은 이 세상에 없다. 영혼은 그 자체의 왕국에서 살고 있다. 그것은 모든 공간보다 넓고 모든 시간보다 오랜 것이다.

– 랠프 월도 에머슨

아무도, 그리고 어떤 것도 두려워하지 말라. 그대 속에 있는 가장 귀중한 것은 그 누구에 의해서도, 또 무엇에 의해서도 고통받지 않는다.

date /   /   /

hour / minute:

하루 한 번 나를 만나는 시간

hour / minute:

하루 한 번 나를 칭찬하는 시간

내일을 위한 오늘의 단어 하나

사색을 통해서 얻은 진리는 우리 자신의 진짜 늑골이다

잘못으로 인도하는 길은 수천 갈래나 된다. 그러나 진리로 인도하는 길은 단 하나밖에 없다.
- 루소

어떤 사람이 지금 불행하다면 그 원인은 신념의 결핍에 있는 것이지 다른 데 있는 것은 아니다. 그는 무언가 믿고 의지할 만한 대상을 갖지 못했으며 자기 자신한테서조차 그것을 찾지 못한 것이다.

외부로부터 주인 된 진리는 다만 우리의 외면에 작용할 뿐이다. 그것은 인공적인 늑골이나 틀니 또는 성형수술과도 같은 것이다. 사색을 통해서 얻은 진리는 우리 자신의 진짜 늑골이다. 오직 그것만이 우리에게 속하는 참된 자신이다.
- 쇼펜하우어

어떤 상황에 부딪혔을 때 목숨을 걸고 그것을 해내겠다는 결심을 할 수 없다면 그 자신으로서는 최악의 상황을 맞은 것이다.

date /

hour / minute:

하루 한 번 나를 만나는 시간

hour / minute:

하루 한 번 나를 칭찬하는 시간

내일을 위한 오늘의 단어 하나

사람들과 이야기할 때 칭찬이나 달콤한 말을 기대하지 말라

착한 일을 하고도 오히려 사람들에게 비난받을 때가 가장 행복한 때라는 것을 기억하라.
- 마르쿠스 아우렐리우스

사람들과 이야기할 때 그들로부터 칭찬이나 달콤한 말을 기대하지 말라. 오히려 항상 자신에 대한 비난이나 경멸이나 부정적인 충고를 기대하며 살아갈 수 있도록 스스로를 단련시켜라.

남에게 바보라고 멸시당했다면 선하게 살고 있다는 뜻이다.
- 붓다

어떤 일을 하든 상호부조의 규칙을 생각하라. 남이 나에게 도움을 주듯 내가 원하는 것을 남에게 베풀 생각을 하라. 나중에는 그것이 습관이 될 것이다.

date / 　　　 / 　　　 /

hour / minute:

하루 한 번 나를 만나는 시간

hour / minute:

하루 한 번 나를 칭찬하는 시간

내일을 위한 오늘의 단어 하나

모든 사람들에게는 선과 악을 구별하고 선택할 자유가 있다

타인의 존경을 받을 목적으로 선을 베풀지 말라. 그런 선행은 신도 인정해주지 않는다.

– 성경

명예롭지도 않고 알아주지도 않는 선행을 하면서도 그것을 슬퍼하지 않는 사람이야말로 정말 덕이 높은 사람이다.

– 공자

자연에 의해 악이 존재하는 것은 아니다. 악은 인간들에 의해 존재하는 것이다. 그리고 모든 사람들에게는 선과 악을 구별하고 선택할 수 있는 자유가 있다.

– 마르쿠스 아우렐리우스

"자신을 사랑하듯이 이웃을 사랑하라."고 한 말은 처음 그대가 그를 사랑하고 그런 다음에 그 사랑의 결과로써 선을 행해야 함을 의미한다. 그러한 사랑이 그대 마음속에 사람들에 대한 사랑을 심어줄 것이다. 그대가 먼저 사랑받고 나중에 그 사랑을 돌려주겠다는 것은 진짜 사랑이 아니다. 사랑은 먼저 선을 행하려는 마음의 결과로써 나타나는 것이다.

date / ____ / ____

hour / minute:

하루 한 번 나를 만나는 시간

hour / minute:

하루 한 번 나를 칭찬하는 시간

내일을 위한 오늘의 단어 하나

참된 인간은 자기 자신의 도덕적 임무에 철저하게 순종한다

어떤 성인에게 사람들이 물었다.
"스스로의 행복을 위해 평생 지켜야 할 규범은 무엇입니까?"
성인이 대답했다.
"자기가 바라지 않는 것을 남에게 바라지 말라. 이것이 그대들의 행복을 위해 평생 지켜야 할 규범이다."
- 공자

상업, 계약, 전쟁, 과학, 예술 등에 집착하거나 몰두하는 것은 진짜 인간의 모습이 아니다. 진짜 인간에게 중요한 것은 단 하나뿐이며, 오직 그 하나에만 집착하고 몰두해야 한다. 즉 자기 자신이 지켜야 할 도덕적 임무에 철저하게 순종하는 것이다.
- 키케로

선은 이 세상에 존재하는 것이며, 인간이 자기 자신 속에서 느끼는 것이다. 인간은 선을 알고 행하기 때문에 다른 사람들과 의식적으로 혹은 무의식적으로 결합하는 것이다.

date /

hour / minute:

하루 한 번 나를 만나는 시간

hour / minute:

하루 한 번 나를 칭찬하는 시간

내일을 위한 오늘의 단어 하나

선한 의지는 오직 그 자체로서 좋은 것이다

그대가 생활을 값지게 보내고 싶다면 매일 아침 눈을 뜨는 순간 이렇게 생각하라. '오늘은 단 한 사람을 위해서라도 좋으니 누군가 기뻐할 만한 일을 하고 싶다.' 라고.

– 니체

지나가는 하루하루를 선한 행동으로 장식하라.

– 키케로

선한 의지는 그것이 원인이 되어 이루어진 결과 때문에 좋은 것이 아니다. 선한 의지는 오직 그 의지 자체로서 좋은 것이다.

– 니체

사냥꾼이 짐승을 찾듯 늘 선을 행할 기회를 찾는 습관을 갖지는 못하더라도, 적어도 선을 행할 기회가 왔을 때 결코 그 기회를 놓치지 않도록 주의하라.

date / 　　　　　 / 　　　　 /

hour / minute:

하루 한 번 나를 만나는 시간

hour / minute:

하루 한 번 나를 칭찬하는 시간

내일을 위한 오늘의 단어 하나

살아 있는 사상은 끊임없이 자양분을 섭취하며 변화한다

참으로 위대한 것은 눈에 보이지 않는 성장 속에서 서서히 성취되는 법이다.
– 세네카

자연 속에 일어나는 가장 큰 변화는 아무도 모르게 진행되는 법이다. 그것은 지속적이고 단계적으로 성장하는 것이지 순식간에 돌발적으로 이루어지는 것은 아니다. 정신생활에 있어서도 이와 마찬가지이다.

모든 참된 사상, 살아 있는 사상은 끊임없이 자양분을 섭취하며 변화하는 속성이 있다. 그러나 그것은 구름이 모습을 바꿀 때처럼 급격한 것이 아니라 수목이 자라는 것처럼 서서히 변화해가는 것이다.
– 존 러스킨

심각한 결핍상태에 빠질수록 상실에 대한 근심은 그만큼 줄어든다. 더 이상 잃을 게 없을 때 우리는 더욱더 강해진다. 그것이 결핍의 미덕이다.

date /

hour / minute:

하루 한 번 나를 만나는 시간

hour / minute:

하루 한 번 나를 칭찬하는 시간

내일을 위한 오늘의 단어 하나

현명한 사람은 모든 것에서 배움을 얻는다

원하는 것을 소유할 수 있다면 커다란 행복이다. 그러나 그보다 더 큰 행복은 우리가 갖고 있지 않은 것은 원하지 않는다는 사실이다.
- 메네데모스

어떤 사람을 가리켜 현명한 사람이라 하는가? 모든 것에서 배움을 얻고자 하는 사람을 말한다. 어떤 사람을 굳센 사람이라 하는가? 자기 자신을 억제하는 사람을 말한다. 어떤 사람을 풍부한 사람이라 하는가? 자기 소득에 만족할 줄 아는 사람을 말한다.
- 탈무드

사람을 비난하거나 해롭게 하는 말을 입에 담지 말라. 남의 결점에 대해서는 그 사실을 아는 사람에게도 알지 못하는 사람에게도 말하지 말라. 남의 나쁜 행동을 목격하더라도 떠들고 다니지 말라. 다른 사람이 남을 욕하려고 하거든 그것을 막도록 힘써라. 그렇게 한다고 해서 그대가 위험에 처하게 되는 일은 결코 없을 것이다.
- 랠프 월도 에머슨

자연은 아주 적은 것을 요구한다. 그러나 공상은 아주 많은 것을 요구한다.

date / ____ / ____

hour / minute:

하루 한 번 나를 만나는 시간

hour / minute:

하루 한 번 나를 칭찬하는 시간

내일을 위한 오늘의 단어 하나

남의 못된 일을 본받지 말고 자기 스스로를 유혹에서 건져 올려라

타인의 결점을 모른 척하고 그 장점을 말해주는 것은 사랑의 표현인 동시에 사랑을 얻는 가장 좋은 방법이다.
– 붓다

어쩌다 타인의 결점을 보았다 하더라도 결코 그것을 다른 사람에게 전하지 말라.
– 공자

타인의 결점이 눈에 보이는 것은 자기 자신을 망각했을 때 일어나는 현상이다. 가끔 우리는 그저 심심풀이로 남을 비난하는 가운데 그를 해치는 과오를 범한다. 남의 못된 일을 본받지 말고 자기 스스로를 유혹에서 건져 올려라. 바르게 살고자 노력하는 사람은 항상 자기 자신만을 관찰하기 때문에 남의 결점을 들여다볼 여유가 없다.
– 키케로

인간의 덕성은 그가 쓰는 말을 통해서 나타난다.

date /

hour / minute:

하루 한 번 나를 만나는 시간

hour / minute:

하루 한 번 나를 칭찬하는 시간

내일을 위한 오늘의 단어 하나

그대의 마음이 깨끗하고 바르게 되도록 힘써라

영혼이 고결한 사람은 내면적인 일로 마음을 괴롭히지만 외면적인 것에 대해서는 냉정하다. 그는 외면적인 것은 하찮게 여기는 반면 내면적인 것은 소중히 여기기 때문이다.

– 노자

만일 자기가 하는 일의 결과를 남김없이 볼 수 있다면 그 일은 아무런 의의도 갖지 못할 것이다.

그대가 하는 일의 결과가 어떻든 그것은 둘째 문제이다. 무엇보다도 먼저 그대의 마음이 깨끗하고 바르게 되도록 힘써라.

– 존 러스킨

죽음을 맞을 준비를 하자. 그 준비란 보통 생각하는 것처럼 장례식이나 이 세상의 여러 가지 번잡한 일들을 마무리한다는 의미가 아니다. 죽음의 순간은 승리의 순간이다. 죽는 사람의 마지막 모습은 살아남은 사람들에게 엄청나게 큰 영향력을 행사한다. 그 순간이 이롭도록 준비를 하자.

date / ____ / ____ / ____

hour / minute:

하루 한 번 나를 만나는 시간

hour / minute:

하루 한 번 나를 칭찬하는 시간

내일을 위한 오늘의 단어 하나

인간은 모든 사람에게 평등하게 존경받을 의무가 있다

주로 대수롭지 않은 하찮은 일이 사람의 품성을 저해하는 요인이 되기도 한다. 사소한 일이라고 해서 함부로 처신해도 좋다는 생각은 떨쳐버려라. 도덕적인 사람은 항상 모든 사람들이 하찮게 여기는 일 속에도 소중한 의미가 숨어 있다는 것을 알고 있다.

세상의 그 어떤 사람도 단순히 어떤 일의 도구나 목적이 될 수는 없다. 또한 그 누구도 어떤 대가에 의해서 자기 자신을 팔아버릴 수는 없다. 그것은 참으로 인간의 존엄에 배치되는 일이기 때문이다. 이처럼 인간은 모든 사람에게 평등하게 존경받을 의무가 있다. 모든 사람들은 인간이라는 이름에 합당한 존엄성을 인정해야 할 의무가 있다.
– 칸트

죽음이란 말은 우리 생활의 파멸을 의미하는 동시에 마지막으로 평화를 얻는 순간을 의미한다. 죽음은 우리의 힘이 미치지 못하는 곳에 있다. 그러나 평화는 우리가 죽는 날까지 인생의 의무를 수행하는 가운데 몇 번이고 얻을 수 있는 것이다.

우리는 인생에 대하여 불만을 품을 아무런 권리도 없다. 만일 우리가 인생에 대해 불만을 느낀다면 그것은 우리가 자기 자신에게 만족할 수 없는 어떤 잘못을 저지르고 있음을 의미하는 것이다.

date /   /   /

hour / minute:

하루 한 번 나를 만나는 시간

hour / minute:

하루 한 번 나를 칭찬하는 시간

내일을 위한 오늘의 단어 하나

짧은 인생 속에는 많은 슬픔과 고통과 기쁨이 들어 있다

모든 사람들이 대부분 착각하는 것이 있다. 대개 그것은 우리가 행복을 얻기 위해 이 세상에 왔다는 중대한 착각이다.

– 쇼펜하우어

죽음의 공포에서 벗어나고 싶다면 최선을 다해 살아가는 사람의 행실을 눈여겨보고 본받도록 하라. 그 사람들은 죽음이 언제 닥쳐올지 모른다는 것을 알고 있다. 주변의 많은 죽음을 경험한 나이 든 사람들도 결국은 죽는다. 인생은 짧다. 그러나 그 속에는 많은 슬픔과 고통, 기쁨이 들어 있다. 그러므로 생명이란 약하기 짝이 없는 것이다. 이처럼 짧은 시간을 살다 가는 인생에서 무엇이 진정 가치 있는 일일까? 그대의 시간 뒤에 존재하는 영원을 생각해보라. 그리고 그대 앞날에도 존재하는 영원을……. 이 무한한 영원의 틈바구니에서 사흘 동안 사는 것과 3세기 동안 사는 것이 과연 무슨 차이가 있겠는가?

– 마르쿠스 아우렐리우스

참으로 자유로운 사람이란 죽음보다도 인생에 대해 더 많은 것을 생각하는 사람이다.

– 스피노자

곧 죽게 될지도 모른다는 의식은 항상 꼭 해야 할 일을 할 수 있도록 우리를 긴장시키는 교훈 같은 것이다.

date / 　　　 / 　　　 /

hour / minute:

하루 한 번 나를 만나는 시간

hour / minute:

하루 한 번 나를 칭찬하는 시간

내일을 위한 오늘의 단어 하나

준비할 것을 아는 사람은 그 일을 훌륭히 끝맺는 방법도 안다

훌륭한 신앙은 가장 넉넉한 기쁨이다.
- 레싱

정신의 기쁨은 그 사람의 힘에 대한 증명이다.
- 랠프 월도 에머슨

장벽은 자유를 방해한다. 그 장벽은 우리가 샛길을 택했기 때문에 생긴다. 준비해둘 것을 알고 있는 사람은 그 일을 훌륭히 끝맺는 방법도 알고 있다. 하루하루를 바르고 맑게 지켜나가라. 최후의 날을 위해 마음의 준비를 하라. 마음의 준비를 할 줄 안다는 것은 죽음의 본질을 아는 것이다.
- 아미엘

생명이란 탄생과 동시에 시작되는 것도 아니고 죽음과 동시에 끝나는 것도 아니라는 진리를 믿는 사람은, 그런 것을 믿지 않고 또한 이해하지도 못하는 사람들보다 더욱 훌륭한 인생을 살아갈 수 있다.

date / 　　　　　 / 　　　　 /

hour / minute:

하루 한 번 나를 만나는 시간

hour / minute:

하루 한 번 나를 칭찬하는 시간

내일을 위한 오늘의 단어 하나

남자와 여자는 두 개의 악보이다

기묘하고 뿌리 깊은 착오가 있다. 그것은 요리며 바느질, 세탁, 육아는 모두 여자만이 하는 일이며 남자가 그런 일을 하는 것은 수치라고 여기는 것이다. 그러나 여자가 피로에 지친 무거운 몸으로 힘들게 음식을 만들고 빨래를 하고 아이를 돌보는 동안에 쓸데없는 일에 시간을 낭비하거나, 혹은 하는 일 없이 빈둥거리는 남자들이야말로 무익하고 수치스러운 존재들이다.
- 괴테

가정에 대한 사랑에 있어서는 선도 없고 악도 없다. 그것은 자기의 개성에 대한 사랑과 마찬가지로 그 한계를 넘었을 때만 죄악이 되는 것이다.

남자와 여자는 두 개의 악보이다. 그것 없이는 인류라는 악기는 아름답고 훌륭한 곡을 연주할 수 없다.

date / /

hour / minute:

하루 한 번 나를 만나는 시간

hour / minute:

하루 한 번 나를 칭찬하는 시간

내일을 위한 오늘의 단어 하나

악은 바람을 타고 날아가는 먼지와 같이 그 악을 범한 자에게 되돌아간다

악은 곧 열매를 맺지는 않는다. 그러나 대지와 같이 서서히, 그리고 정확하게 악을 행한 그 자신을 멸망시킨다.
- 인도 잠언

악인도 자신이 범한 악이 탄로나지 않을 때까지는 행복할 수 있다. 사람이여, 어떤 악일지라도 하찮게 범하지 말라. 한 방울 한 방울의 물이 모여 물통을 가득 채우는 법이다. 마찬가지로 사소한 악행이 쌓이고 쌓이면 악의 구렁텅이에 빠져버리는 것이다. 악은 바람을 타고 날아가는 먼지와 같이 그 악을 범한 자에게 되돌아가는 것이다. 하늘, 바다, 깊은 산속, 그 어느 곳이든 이 세상에서 인간이 악에서 벗어날 장소는 없다.
- 불교 경전

자기 자신에 대하여 엄격하라. 그리고 친구들에게는 겸손하라. 이제 그대의 적은 사라질 것이다.
- 중국 잠언

각종 물건, 습관, 법칙 등을 우러러보는 사람들이 많을수록 우리는 그런 것들이 존경할 가치가 있나 없나를 주의 깊게 살펴볼 필요가 있다.

date / 　　　　　　 / 　　　　 /

hour / minute:

하루 한 번 나를 만나는 시간

hour / minute:

하루 한 번 나를 칭찬하는 시간

내일을 위한 오늘의 단어 하나

내가 만든 원칙 체크해보기 5

: 버려야 할 습관을 완벽하게 버렸는가? – 2

1.

2.

3.

: 아직 완벽하게 버리지 못했다면 그 이유는? – 2

1.

2.

3.

: 나의 다짐 리마인드 하기 5

Through difficulties to the stars

역경을 헤치고
별을 향하여

교만은 자기 자신이 아니라 모든 사람의 모든 죄를 옹호한다

겸손하기 때문에 당하게 되는 멸시를 두려워하지 말라. 대개 그 뒤에 참된 행복이 찾아오기 마련이다. 우리는 겸손을 지불하고 행복을 사는 것이다.

온 세상이 나를 배반할지라도 격분하지 말라. 그대는 곧 비방 속에 어떤 근거가 없는지를 잘 생각해보라.

교만은 자기 자신이 아니라 모든 사람의 모든 죄를 옹호한다. 왜냐하면 교만은 비난받기를 싫어하며 죄를 뉘우치기도 싫어하기 때문이다. 교만은 죄를 감추며 또한 변호한다. 자기의 죄를 캐낼 줄 아는 사람은 항상 겸허하고 도덕적이다.

선을 가장하는 것보다 더 나쁜 일은 없다. 선을 가장하는 것은 노골적으로 악을 드러내는 것보다 더욱 가증스러운 일이다.

date / 　　　　/

hour / minute:

하루 한 번 나를 만나는 시간

hour / minute:

하루 한 번 나를 칭찬하는 시간

내일을 위한 오늘의 단어 하나

사상은 인간의 삶을 파괴하기도 하고 돕기도 한다

이 세상에서 가장 곤란한 일은 아직 그것이 사소한 문제일 경우에도 조짐이 싹트고 있다는 것이다. 이 세상에서 가장 위대한 일도 아주 작은 상황으로부터 커지는 것처럼.
– 노자

사람의 운명은 그 사람이 자기 자신을 어떻게 이해하고 있는가에 달려 있다.
– 헨리 데이비드 소로

말로 표현하든 그렇지 않든 그 사람의 생활을 파괴하기도 하고 돕기도 하는 것은 바로 그 사람이 갖고 있는 사상이다.
– 맬러리

우리는 대개 돈이 잔뜩 든 지갑을 잃어버렸을 때 슬퍼한다. 그러나 우리가 생각하고, 남으로부터 배우고, 책에서 읽은 귀중한 사상은 잃어버려도 아무렇지도 않게 생각한다.

date / 　　　 / 　　　 /

hour / minute:

하루 한 번 나를 만나는 시간

hour / minute:

하루 한 번 나를 칭찬하는 시간

내일을 위한 오늘의 단어 하나

인간의 선한 의지는 어떤 경우에도 잃어버릴 수 없다

자기 자신의 마음속에서 우러나오는 탐색만큼 신성하고도 좋은 열매를 맺는 것은 다시없다. 무엇보다도 먼저 진실하고 참된 태도를 가져야 한다. 그러고 나서 일체의 문제를 자기 스스로 해결하라.

– 랠프 월도 에머슨

우리는 인간이란 이름에 대해 어떤 존엄을 의식한다. 이런 이유로 우리는 다른 사람을 존중해야 한다는 의무감을 갖게 되는 것이다. 특히 이성적인 판단이 정확하고 타인에 대해서 정당한 평가를 할 줄 아는 사람을 만나면 저절로 존경심을 갖게 된다. 적어도 인간인 이상 어떤 경우에도 단지 반대를 하기 위한 반대를 해서는 안 된다. 덕성을 회복하는 것이 불가능하다고 생각해서도 안 된다. 이런 생각은 인간을 이해하는 데 방해가 된다. 왜냐하면 인간은 도덕적인 존재이며, 그의 선한 의지는 어떤 경우에도 잃어버릴 수 없는 것이기 때문이다.

– 칸트

이 세상의 악과 싸우려면 단 하나의 수단밖에 없다. 그것은 자기 자신을 도덕적으로 완성시키는 길이다.

date /　　　/　　　/

hour / minute:

하루 한 번 나를 만나는 시간

hour / minute:

하루 한 번 나를 칭찬하는 시간

내일을 위한 오늘의 단어 하나

남의 잘못을 찾아내기는 쉬우나 자기의 잘못을 찾아내기는 어렵다

남의 행위를 비방하지 말라. 남을 비방하는 것은 쓸데없이 자기 자신을 피곤하게 하며, 커다란 과실을 범하는 것이다. 자기 자신을 성찰하라. 그때 비로소 그대가 하는 일이 정당해지리라.

– 랠프 월도 에머슨

남을 모함하고 자기의 영예를 구하지 말라. 마음이 거북한 사람은 자기를 중상한 사람의 부끄러움까지도 감추어주려고 한다. 뉘우쳐 고치는 자에게는 이전의 죄를 들춰내지 말라.

– 탈무드

남의 과실을 찾아내기는 쉬우나 자기의 과실을 찾아내기는 어렵다. 남의 과실을 들추기 좋아하고 자기의 과실을 감추려고 하는 자는 속임수를 감추려고 애쓰는 사기꾼과 다를 바 없다. 사람은 항상 남의 죄를 비난하려는 경향을 갖고 있다. 다만 남의 과실에만 눈을 밝힌다. 이런 사람은 자기 자신의 좋지 못한 정념만을 더욱더 키워갈 뿐 참되고 착한 사람이 되는 길에서 점점 멀어져가는 것이다.

– 붓다

이 세상에서 행해지는 모든 제도를 발전시키는 것은 오직 사람들의 도덕적 완성에 달려 있다.

date / / /

hour / minute:

하루 한 번 나를 만나는 시간

hour / minute:

하루 한 번 나를 칭찬하는 시간

내일을 위한 오늘의 단어 하나

항상 행동과 양심이 일치하고 있는지 자문하라

우리의 영혼 속에는 놀랄 만큼 위대한 그 무엇이 존재하고 있다. 이 무엇은 우리의 정신 속에 들어 있는 근원적인 도덕성이다.
– 칸트

눈에 보이는 정신적 본질을 우리는 흔히 양심이라고 부른다. 양심은 나침반과 비교할 수 있다. 그 한쪽 끝은 항상 옳은 것을 가리키고, 다른 한 끝은 항상 잘못된 것을 가리키는…….
– 주세페 마치니

그대는 젊다. 즉 정념과 욕망의 시기에 있는 것이다. 이때는 무엇보다도 먼저 자기 자신의 양심의 소리를 들어라. 그리고 그것을 무엇보다 가장 존경하라. 정념 때문에, 욕망 때문에 양심에서 벗어나는 일이 없도록 하라. 다른 사람들의 꾐 때문에, 또는 법률이라고 불리는 습관 때문에 양심에서 멀리 떨어지는 일이 없도록 하라. 항상 자기의 행동이 자기의 양심과 일치하고 있는지 자문하라.
– 시어도어 파커

양심은 자기 자신의 정신적 본원에 대한 의식이다. 또한 인간 생활의 가장 믿음직한 스승이다.

date / / /

hour / minute:

하루 한 번 나를 만나는 시간

hour / minute:

하루 한 번 나를 칭찬하는 시간

내일을 위한 오늘의 단어 하나

이성은 모든 것을 포함하고 하늘과 땅에 앞서서 존재한다

인간의 가장 중요한 의무 가운데 하나는 하늘이 우리에게 부여한 이성을 어느 정도까지 빛나게 하는가에 있다.
- 중국 잠언

어리석은 생활 때문에 어렵고 고된 일은 겪으면 지혜롭게 생활할 필요성을 느끼게 된다.

그것 자체만으로 모든 것을 포함하고 하늘과 땅에 앞서서 존재하는 것이 있다. 그 속성을 이성이라고 부른다. 그것은 조용하다. 형태도 없다. 만약 거기에 이름을 붙여야 한다면 나는 그것을 위대한, 이룰 수 없는 무한의, 그리고 두루 존재하는 진리라고 말하리라.
- 노자

이성은 사람들을 결합시키는 원인이다. 사랑은 사람들을 결합하도록 만든다. 이성은 그 결합을 완성시킨다.

date /

hour / minute:

하루 한 번 나를 만나는 시간

hour / minute:

하루 한 번 나를 칭찬하는 시간

내일을 위한 오늘의 단어 하나

종교의 차이라는 말은 얼마나 괴상한 말인가

우리는 세 가지 길에 의해 신의 뜻을 알 수 있다. 그 하나는 사색이다. 그것은 가장 고귀한 길이다. 다른 하나는 모방이다. 그것은 가장 용이한 길이다. 최후의 하나는 경험이다. 그것은 가장 괴로운 길이다.
– 공자

자유를 잃은 인간은 자기 자신의 본성을 배반하고 신의 명령도 거역한 인간이다.
– 주세페 마치니

종교의 차이라는 말은 얼마나 괴상한 말인가. 역사상 존재한 여러 종교 사이에는 신앙의 차이가 존재할 수도 있다. 그러나 그것은 종교 자체가 아니라 역사적인 차이에서 비롯된 것이다. 또한 학구적 방법에 따른 차이이기도 하다. 확실히 종교 서적에서의 차이는 있을 수 있다. 예컨대 조로아스터 교전, 베다 교전, 코란 등과 같이……. 그러나 참된 종교는 모든 시대를 통해 단 하나뿐이다. 모든 신앙의 차이라는 것은 종교에 대한 보조적 수단의 의미밖에 갖지 못한다.
– 칸트

그대는 허위 속에 있으나 나는 진실 속에 있다고 단언하는 것은 사람이 타인에게 할 수 있는 가장 잔인한 말이다.

date / / /

hour / minute:

하루 한 번 나를 만나는 시간

hour / minute:

하루 한 번 나를 칭찬하는 시간

내일을 위한 오늘의 단어 하나

중요한 것은 인간은 일을 해야 한다는 사실이다

자신의 처지에 만족하고 있는 노예는 이중으로 예속되어 있다. 그럴 때 그는 육체뿐만 아니라 정신마저 예속되어 있는 것이다.

– 시어도어 파커

이것을 기억하라. 즉 그대 자신의 의견을 바꾸게 하고 그대의 과실을 바로잡아주는 사람을 따르는 것은 맹목적인 고집보다 훨씬 신에 가까운 행동이라는 것을.

– 마르쿠스 아우렐리우스

마차를 끄는 말이 앞으로 나가지 않을 수 없듯 사람도 늘 무슨 일인가 하지 않으면 안 된다. 그러므로 일을 한다는 그 자체 속에 보수가 있다. 인간이 호흡을 한다는 그 자체 속에 보수가 있는 것이다. 중요한 것은 인간은 일을 해야 한다는 사실이다.

– 채닝

일과 만족이 번갈아 오는 생활만이 기쁨을 줄 수 있다. 일이 없는 곳에는 만족도 없는 법이다.

date /

hour / minute:

하루 한 번 나를 만나는 시간

hour / minute:

하루 한 번 나를 칭찬하는 시간

내일을 위한 오늘의 단어 하나

남에게 훌륭하다는 말을 듣기 위해 살지 말라

부끄러움이란 사람들이 가지고 있는 자랑거리 가운데 하나이다. 부끄러워할 줄 아는 사람은 여간해선 죄를 범하지 않는다.
– 탈무드

남에게 훌륭하다는 말을 듣기 위해 살지 말라. 자기가 자기를 훌륭하다고 인정할 수 있도록 하라. 남이 자신을 헐뜯을까봐 두려워하는 것은 허영에 지나지 않는다.
– 맬러리

평화란 어떤 식으로 나타나든지 아름다운 것이다. 그러나 평화와 예속의 사이에는 큰 차이가 있다. 평화란 그 무엇으로도 파괴되지 않는 자유이다. 그러나 예속은 악 중에서도 가장 해로운 것이다. 우리는 자유와 평화를 잃지 않기 위해서 최선을 다해 싸워야 한다.
– 키케로

사람의 영예는 자신의 양심 속에 있는 것이지 남의 입에 있는 것이 아니다.

date /

hour / minute:

하루 한 번 나를 만나는 시간

hour / minute:

하루 한 번 나를 칭찬하는 시간

내일을 위한 오늘의 단어 하나

남을 통해서 자신을 돌아볼 용기가 있다면

남의 결점에 대해서는 공연히 마음을 졸이고 뭔가 참견을 하려고 하는 사람들이 많다. 그러나 자기 자신이 저지른 똑같은 결점에 대해서는 아무런 주의도 하지 않는다. 사람들은 남의 잘못을 말하면서 그것이 무서운 것이라고 생각은 하지만, 그것이 자기 자신의 그림자가 된다는 것은 깨닫지 못한다. 만약 우리가 남을 통해서 자기 자신을 돌아볼 용기를 가지고 있다면 자기의 결점을 고치기가 얼마나 쉬울 것인가.
– 라브뤼예르

명성이나 남의 칭송을 받기 위해 애쓰는 것은 어리석은 일이다. 세상 사람들에게 있어서 선과 악의 규정은 흔히 동일하지 않기 때문이다.

좁은 견해를 가진 자일수록 그 자만심은 강하다.
– 포프

예술은 그 일에 종사하고 있는 사람들이 생각하는 것만큼 가치 있는 일은 아니다. 그러나 만약 예술이 사람들을 결합시키고 그들의 마음속에 착한 감정을 불러일으킬 수만 있다면 더없이 유익한 것이다.

date /   /   /

hour / minute:

하루 한 번 나를 만나는 시간

hour / minute:

하루 한 번 나를 칭찬하는 시간

내일을 위한 오늘의 단어 하나

허영심을 만족시키려는 것만큼 어리석은 일은 없다

그대는 언제쯤이면 육체적인 것을 벗어나서 정신적인 인간이 될 수 있겠는가? 그대는 언제쯤이면 만인이 사랑하는 행복을 깨달을 수 있겠는가? 그대는 언제쯤이면 자기 행복을 위해 타인으로 하여금 그대에게 봉사하기를 요구하지 않고, 자신을 비애나 육욕에서 해방시킬 수 있겠는가? 그대는 언제쯤이면 참다운 행복이 항상 그대 힘 속에 있으며, 그것이 자연의 아름다움이나 타인과의 관계 속에 있는 것이 아님을 깨달을 수 있겠는가.
- 마르쿠스 아우렐리우스

허영심이 많은 인간은 남에게 칭찬받기를 좋아한다. 그러나 남에게 칭찬받기 위해서는 남이 인정하도록 해야 한다. 세상 사람들은 자기 마음에 드는 것을 좋다고 생각하는 법이다. 그러니 남에게 좋게 보이려면 그 사람의 마음에 들도록 해야 한다. 결국 허영심을 만족시키려는 것만큼 어리석은 일은 없다.

생생하고 무한한 정신력을 추구하는 것이 인간의 본성이다. 물질적인 행복만을 추구한다면, 우리는 인간 자신에게 또는 단순하고 우연한 일에 노예처럼 종사하지 않으면 안 될 것이다.
- 랠프 월도 에머슨

다른 사람에게 벌을 주고자 하는 욕망은 가장 저급하고 동물적인 감정이라는 점을 잘 기억하라. 인간의 감정대로 움직인다는 것은 슬기로운 행동이 아니다. 그것은 스스로의 파멸을 의미하는 것이다.

date / /

hour / minute:

하루 한 번 나를 만나는 시간

hour / minute:

하루 한 번 나를 칭찬하는 시간

내일을 위한 오늘의 단어 하나

중요한 것은 지식의 많고 적음이 아니라 지식의 질이다

인간 생활의 모든 모순을 해결하고, 인간에게 가장 큰 행복을 가져다주는 감정을 우리 모두는 알고 있다. 그 감정은 바로 사랑이다.

박식함이 가치 있다고 생각하는 것은 잘못이다. 중요한 것은 지식의 많고 적음이 아니라 그 질에 있다.

도덕적인 완성의 길에 이르려거든 먼저 마음을 정결하게 하도록 힘써라. 마음의 순결은 마음이 바른 것을 희구하고 의지가 선으로 향할 때에만 나타난다. 그것은 모두 참된 지식에 의해서 이루어질 수 있다.
- 공자

어떤 사람을 처벌한다는 것은 흔히 공정한 심판에 의한 것도 아니고 정의감에 의한 것도 아니다. 그것은 다른 사람들에게 보복하고 싶은 악에서 비롯된 감정에 의한 경우가 대부분이다.

date /

hour / minute:

하루 한 번 나를 만나는 시간

hour / minute:

하루 한 번 나를 칭찬하는 시간

내일을 위한 오늘의 단어 하나

모든 선한 일은 자선이다

신은 우리들에게 진리와 안일 가운데 어느 것이나 자유로이 선택할 권리를 허락하였다. 둘 가운데 어느 것을 택하든 상관없지만, 둘 다 동시에 취할 수는 없다. 그러므로 사람들은 이 둘 사이를 방황하고 있다. 안일을 택한 자는 그가 처음으로 접한 신앙이나 철학이나 정당, 즉 그의 아버지로부터 배운 것으로 기울어질 것이다. 그는 이득과 사회적인 존경을 얻을 것이나, 진리에 대해서는 아무것도 얻지 못할 것이다.

– 랠프 월도 에머슨

인간에게 힘이 있게 된 것은 약한 자를 학대하기 위해서가 아니라, 강자로서 약자를 도와주라는 뜻이다.

– 존 러스킨

모든 선한 일은 자선이다. 갈증을 느끼는 자에게 물을 주는 일, 길 가운데 있는 돌을 치우는 일, 남을 좋은 길로 이끌어주는 길, 나그네에게 길을 가르쳐주는 일, 남에게 미소를 보내는 일, 이 모든 것이 자선이다.

– 마호메트

"땀 흘리지 않은 손은 물건을 더럽힌다. 땀을 흘린 손은 물건을 더럽히지 않는다." 이 속담은 자선의 엄격함을 정의한 것이다. 다만 동전 몇 닢 던져주고 마는 것은 참된 자선이 아니다.

date / 　　　　　/ 　　　　/

hour / minute:

하루 한 번 나를 만나는 시간

hour / minute:

하루 한 번 나를 칭찬하는 시간

내일을 위한 오늘의 단어 하나

우리의 삶은 종종
우리의 의지를
벗어나려고 한다

그대에게 도움을 구하는 모든 자에게 봉사하라. 그리고 그대의 것을 빼앗아간 자에게 다시 돌려줄 것을 요구하지 말라. 그대가 다른 사람들에게 바라는 일을 온전히 그들에게 베풀라.

- 성경

인간의 삶은 바퀴와 같다. 바퀴는 한없이 작게 회전함으로써 모든 방향으로, 그리고 무한히 큰 바퀴 속으로 기어드는 것이다.

- 랠프 월도 에머슨

마치 부모를 떠난 자식과 같이 우리의 삶은 종종 우리의 의지를 벗어나려고 한다.

- 존 러스킨

먼저 다시 한 번 생각하라. 그 다음에 말하라. 말은 사람들이 싫증을 내기 전에 끝내야 하는 법이다. 인간은 말을 할 수 있다는 것 때문에 동물보다 나은 존재이다. 그러나 만약 그 말에 득이 되는 점이 없다면 동물보다 나을 것이 없는 존재가 되어버리고 만다.

date / . /

hour / minute:

하루 한 번 나를 만나는 시간

hour / minute:

하루 한 번 나를 칭찬하는 시간

내일을 위한 오늘의 단어 하나

그 어떤 죄악도 어느 한 사람의 죄를 탓해야 할 이유는 없다

우주적인 자아의 인식에 도달하고 싶다면 먼저 자기 자신을 알아야 한다. 그러기 위해서는 자기 자신을 우주적인 자아에 바치지 않으면 안 된다. 정신적인 삶을 영위하고 싶다면 먼저 현세에서 벗어나라. 외부 세계에 대한 관심을 멀리하라. 정신에 검은 그림자를 던지는 모든 물상으로부터 자신을 멀리하라. 그대의 존재는 그림자 같아서 잠깐 살고 있다가 곧 사라져버리는 것이다. 그러나 그대에게는 영원히 존재하는 그 무엇이 있다.
– 브라만 잠언

그 어떤 죄악도 어느 한 사람의 죄를 탓해야 할 이유는 없다. 우리는 서로서로 결합되어 생활하고 있기 때문에 우리들 내부에 숨어 있는 악은 서로 전염되게 되는 것이다.
– 조지 엘리엇

말이 많은 자는 실행이 적다. 성인은 언제나 그 말에 실행이 따르지 않을까 하여 염려한다. 그래서 그는 행동과 말이 일치되지 않을까 두려워하기 때문에 결코 헛소리를 하지 않는다.
– 공자

잡담만큼 태만을 화려하게 장식하는 것은 없다. 사람들은 그저 조용히 살지를 못한다. 태만으로 인해 생긴 답답증을 풀기 위해서는 잡담이라도 지껄여야 하는 것이다.

date /

hour / minute:

하루 한 번 나를 만나는 시간

hour / minute:

하루 한 번 나를 칭찬하는 시간

내일을 위한 오늘의 단어 하나

인생에서 진정 위대한 것은 사람들 눈에 잘 띄지 않는다

말로 천 번을 참회해도 침묵 속에 이루어지는 한 번의 참회에는 미치지 못하는 법이다.
- 랠프 월도 에머슨

아담의 후예인 우리는 모두 한 몸을 이루며 살고 있다. 한 팔이 괴로울 때 남은 수족들도 괴로울 것이다. 만약 그대가 타인의 고뇌에 냉담하다면 사람이라 할 수 없다.
- 사디

인생에서 진정 위대한 것은 거의 언제나 사람들 눈에 잘 띄지 않는 법이다. 우리들 눈앞에서 무언중에, 아무도 모르게 위대한 행위나 관대한 희생이 치러지고, 고귀한 사랑이 무르익고 있는 것이다. 그러나 우리는 항상 그런 것에 무관심하다. 나는 그런 위대한 일은 잘 알려지지도 않고, 이름도 없는 사람들에 의해 행해지고 있다는 것을 확신하고 있다. 이른바 서민층이라는 계열에 속한 사람들이 훌륭하게 고난을 참고 견디는 것을 보았다. 그들은 꾸밈없는 성실, 굳은 신앙, 관대한 마음을 가지고 있다. 게다가 그들은 부유한 계급의 사람들보다도 죽음과 삶에 대해 올바른 이해를 가지고 있었다.
- 채닝

본받기 좋은 모범을 찾으려거든 민중 속에서 찾아라. 그들 속에서만 참되고 소박한 그 무엇, 자기 자신도 의식하지 못했던 위대한 행실을 찾을 수 있다.

date /   /

hour / minute:

하루 한 번 나를 만나는 시간

hour / minute:

하루 한 번 나를 칭찬하는 시간

내일을 위한 오늘의 단어 하나

남의 이익을 도모하는 자는 항상 공손하다

진실로 유익하고, 그리고 유익하기 때문에 위대한 것은 언제나 단순하다.

먹고 입고 잠자기 위해서는 그리 많은 것이 필요하지 않다. 남은 것은 이웃의 끼니를 위해서 써야 할 것이다.
- 동양 격언

남의 이익을 도모하는 자는 항상 공손하다. 그것은 이른바 무저항주의이며 하늘과의 화합이다.
- 노자

별로 중요하지 않은 일을 하면서 곧잘 짜증내고 다른 사람들까지 방해하면서 주의를 산만하게 만드는 사람이 있다. 이런 노동 자세는 태만보다 훨씬 나쁘다. 참된 노동은 조용히 항상 일정한 성취를 이루는 것, 그리고 남의 눈에 잘 띄지 않는 것이다.

date /   .   /

hour / minute:

하루 한 번 나를 만나는 시간

hour / minute:

하루 한 번 나를 칭찬하는 시간

내일을 위한 오늘의 단어 하나

그대가 얻은 것은 다른 누구도 가질 수 없음을 기억하라

우리는 사랑하는 사람들에게 늘 공정하며 자애롭고 언제나 주의 깊게 대하기를 망설일 필요가 없다. 우리는 그들이, 또한 우리들 자신이 병에 걸리거나 죽음의 위협을 받는 때를 기다릴 필요는 없다. 인생은 짧다. 그러므로 이 길을 함께 가는 사람의 마음을 즐겁게 하기 위해서는 조금도 낭비할 시간이 없는 것이다.

– 아미엘

노동은 도덕이 아니다. 그러나 도덕적 생활을 하는 데 없어서는 안 될 조건이다.

그대 자신이 얻은 것은 다른 누구도 가질 수 없다는 것을 기억하라. 그러나 그대가 이용하고 있는, 혹은 사용물에 불과한 그 어떤 물체의 모든 부분은 모든 사람들의 생활의 일부분이라는 것을 더욱 명심하라.

– 존 러스킨

항상 놀고 있는 사람이 있는 반면, 지나치게 일만 하는 사람들이 있다. 배탈이 나도록 포식하는 자가 있는가 하면, 굶주림에 허덕이는 자가 있다.

date / / /

hour / minute:

하루 한 번 나를 만나는 시간

hour / minute:

하루 한 번 나를 칭찬하는 시간

내일을 위한 오늘의 단어 하나

선은 언제나 새롭게, 본질적으로 인간의 영혼에서 우러나와야 한다

온 세상 사람들이 그대를 비난한다 할지라도 그대는 선하게 처신하라. 그것은 그들이 그대를 칭송하거나, 그대가 나쁜 인간으로서 살아가는 것보다 훌륭한 가치가 있다.
- 괴테

인간에게 이웃을 벌할 권리를 부여한다면 그 권리를 받을 만한 자는 과연 누구이겠는가? 스스로의 죄를 뉘우치기는커녕 자신이 저지른 죄를 알지도 못하는 자는 타락한 죄인임이 분명하다. 그런데 그와 같이 타락한 자들이 어찌 남의 죄를 벌할 수 있겠는가?
- 랠프 월도 에머슨

선이란 자기의 의무를 수행함에 있어 도덕적이며 확고한 목표이다. 그러나 그 확고함이 결코 습관이 되어서는 안 된다. 언제나 새롭게, 그리고 본질적으로 인간의 영혼에서 우러나오는 선이 아니면 안 된다.
- 칸트

그대가 건강하다면 그 힘을 남을 위해 쓰도록 하라. 그대가 병들어 있다면 그 병 때문에 남에게 방해가 되지 않도록 하라. 그대가 가난하다면 남에게 동정받지 않도록 노력하라. 그대가 모욕을 당했다면 그 모욕을 준 자를 사랑할 수 있도록 노력하라. 그대가 남을 모욕했다면 그대가 저지른 악이 그대로 남아 있지 않도록 힘써라.

date / ______ . ______ / ______

hour / minute:

하루 한 번 나를 만나는 시간

hour / minute:

하루 한 번 나를 칭찬하는 시간

내일을 위한 오늘의 단어 하나

내가 만든 원칙 체크해보기 6

: 버려야 할 습관을 완벽하게 버렸는가? – 3

1.

2.

3.

: 아직 완벽하게 버리지 못했다면 그 이유는? – 3

1.

2.

3.

: 나의 다짐 리마인드 하기 6

NOTES FOR LIFE
LEV TOLSTOY

The Sun shines everywhere

태양빛은
모든 곳을 비춘다

매순간 부지런하고 용감하게 자기 자신을 감시하라

의무를 가장 순수한 의미로서 이해한다는 것은 간단명료하며 자연스러운 것이다. 사실 어떻게 하면 행복할 수 있느냐 하는 것과 어떻게 하면 손실에서 벗어날 수 있느냐 하는 것이 신의 진실은 아니다. 신의 진실은 어떠한 것도 속박하지 않는다. 그러므로 저마다 스스로에게 주어진 일을 참고 견뎌낼 수만 있다면 자신에게 이로운 것을 자유롭게 선택할 수 있을 것이다.
– 칸트

순찰병이 요새를 경호하고 성벽의 주위와 그 안을 감시하듯, 사람도 매순간 부지런하고 용감하게 자기 자신을 감시하지 않으면 안 된다.
– 붓다

고뇌의 원인을 자신의 과오 속에서 발견하고 그 과오를 없애려고 할 때, 인간은 도리어 자유로워지고 그것을 참아나갈 수 있게 된다. 그러나 과오에 대한 관계가 확실하지 않은 고뇌에 부딪혔을 때는, 그는 오지 말았어야 할 것이 왔다고 생각한다. 그리하여 '무엇 때문에'라고 자문한다. 그는 자기의 행위를 바로잡을 대상을 발견하지 못하고 고뇌에 반항하는 것이다.
– 칼라일

그대가 괴로워하고 힘겨워하는 악업의 근원을 자기 속에서 찾아라. 어떤 때는 그 악업이 그대가 한 행위의 직접적인 결과일 수도 있으리라. 또 어떤 때는 그것이 돌고 돌아서 그대 자신에게로 되돌아오는 수도 있을 것이다. 그러나 악업의 근원은 늘 그대 자신 속에 있다.

date /

hour / minute:

하루 한 번 나를 만나는 시간

hour / minute:

하루 한 번 나를 칭찬하는 시간

내일을 위한 오늘의 단어 하나

아무리 노력해도 자유를 얻을 수 없다면 자신을 탓하라

사람은 자기가 그 원인을 제공했다는 사실도 모르고 남의 고뇌를 동정하는 법이다.

아무리 노력해도 그대가 자유를 얻을 수 없다면, 아직도 가난하고 슬픈 일만 닥쳐온다면 그대 자신을 탓할 수밖에 없다.
- 라므네

아무리 위대한 인간일지라도 우리가 그를 신으로 섬길 수 없는 까닭은 광명의 빛과 지혜, 용기, 그러한 것의 숭고한 본원으로서의 신에 대한 우리의 이해가 한없이 깊기 때문이지, 우리와 같은 인간 속에서 발견되는 천부적 재능에 대한 우리의 평가가 너무 낮기 때문은 아니다.
- 칼라일

자기의 신앙 속에서 모든 육체적인 것, 눈에 보이는 것, 감각적인 것들을 미련 없이 떨쳐버려라. 그대가 신앙의 정신적인 중심을 깨끗이 하면 할수록 그대의 신앙은 더욱더 굳건하고 튼튼하게 될 것이다.

date / 　　/

hour / minute:

하루 한 번 나를 만나는 시간

hour / minute:

하루 한 번 나를 칭찬하는 시간

내일을 위한 오늘의 단어 하나

지식은 나를 어리석게 만드는 장애물을 제거하기 위한 수단일 뿐이다

인생에서 중요한 일이 지식만을 얻는 것이라고 믿는 사람은, 빛을 가리는 줄도 모르고 불에 덤벼들다 죽는 하루살이와도 같다.

- 괴테

한쪽 발에 찔린 가시를 뽑기 위해서는 다른 발에 의지하여야만 뽑아낼 수 있다. 그러나 그 일이 끝나면 우리는 발에 대해서 까맣게 잊어버릴 것이다. 이와 같이 지식은 나를 어리석게 만드는 장애물을 제거하기 위해서만 필요한 것이다. 지식 그 자체가 독립된 가치를 갖는 것은 결코 아니다. 그것은 하나의 수단에 불과하다.

- 브라만 잠언

학자라는 말은 어떤 사람의 지식 정도를 의미할 뿐이지 그 사람이 무엇을 참되게 알고 있다는 것을 의미하는 것은 아니다.

- 리히텐베르크

지식은 수단은 될 수 있을지언정 목적은 될 수 없다.

date /

hour / minute:

하루 한 번 나를 만나는 시간

hour / minute:

하루 한 번 나를 칭찬하는 시간

내일을 위한 오늘의 단어 하나

자신이 저지른 악의 근원을 마음 밖에서 찾지 말라

그대가 저지른 악의 근원을 마음 밖에서 찾는 것은 위험한 일이다. 그렇게 되면 참회할 수가 없기 때문이다.
- 로버트슨

그대 마음속의 모든 악을 만인에게 공개하면서 살도록 하라.
- 세네카

자기 자신의 잘못을 의식하지 않는다는 것은 그 잘못을 더욱더 크게 만드는 것이다.
- 랠프 월도 에머슨

인생의 목적은 신의 가르침을 지켜나가는 데 있는 것이지 지식을 얻는 데 있는 것은 아니다.

date / ____ / ____

hour / minute:

하루 한 번 나를 만나는 시간

hour / minute:

하루 한 번 나를 칭찬하는 시간

내일을 위한 오늘의 단어 하나

무지한 자에게는 인생이 지루하다

잠들지 못하는 자에게는 밤이 길다. 피로한 자에게는 한 걸음도 천릿길처럼 멀다. 무지한 자에게는 인생이 지루하다.
- 랠프 월도 에머슨

지혜를 하찮은 목적에 이용하는 사람들은 어둠 속에서는 볼 수 있으나 대낮에는 장님인 밤새와 같다. 그들의 지식이 과학적인 무기 발명 따위에나 쓰일 때는 몹시 날카로우나, 진리의 빛 가운데에서는 눈먼 장님이나 마찬가지인 것이다.
- 피타고라스

그것이 꼭 필요하면 필요할수록 그 악용은 더욱더 유쾌한 것이다. 대부분의 불행은 지혜의 악용에서 비롯된다.

진정한 사랑이란 어느 특정인의 사랑이 아니라 만인을 사랑하고자 하는 정신상태이다. 그러한 경험을 통해서 우리는 우리의 마음이 신적인 것에 근원을 두고 있다는 것을 알 수 있다. 남에게 사랑받기 위해 애쓰지 말라. 다만 사랑하라. 그러면 비로소 그대도 사랑을 얻으리라.

date / / /

hour / minute:

하루 한 번 나를 만나는 시간

hour / minute:

하루 한 번 나를 칭찬하는 시간

내일을 위한 오늘의 단어 하나

사랑은 현세의 삶을 무상의 기쁨으로 가득 채워준다

자기의 의무를 수행하는 가운데 기쁨을 발견하는 사람, 두려움 때문에 복종하는 게 아니라 스스로의 판단으로 계율에 복종하며, 오직 자기 자신만을 의지해서 인생을 살아가는 사람, 이런 사람들만이 자유롭게 살 수 있다.
- 키케로

사랑은 사랑을 베푸는 자에게 정신적이며 내면적인 기쁨을 안겨준다. 그뿐 아니라 현세의 삶을 무상의 기쁨으로 가득 채워주는 데 필수적인 조건이다.

그대가 어떤 공명심 때문에 나쁜 일을 해야겠다는 생각을 하지 않는다면, 그대는 그 어떤 착한 일이라도 다 할 수 있을 것이다.
- 중국 잠언

자유는 어떤 사람이 다른 어떤 사람에게 줄 수 있는 것이 아니다. 오로지 자기 자신에 의해서만 자유를 얻을 수 있는 것이다.

date /

hour / minute:

하루 한 번 나를 만나는 시간

hour / minute:

하루 한 번 나를 칭찬하는 시간

내일을 위한 오늘의 단어 하나

잘 사는 방법을 아는 사람은 죽음도 훌륭하게 맞이한다

만일 인간이 육체적인 존재에 불과하다면 죽음은 모든 것의 종말을 의미한다. 만일 인간이 정신적인 존재이며 다만 정신의 껍데기에 불과하다면 죽음은 어떤 변화일 따름이다. 나는 이러한 변화를 남들처럼 공포로 인식하지는 않는다. 내 생각으로는, 죽음이란 좋은 것으로 변화하는 것을 의미한다. 죽음에 대해서 이러쿵저러쿵 떠드는 것은 어리석은 짓이 아닐까. 우리가 할 일은 그저 살아가는 것이다. 잘 사는 방법을 아는 사람은 죽음도 훌륭하게 맞이할 수 있다.

- 시오도어 파커

비록 작은 일일지라도 선한 일을 하도록 힘써라. 그리하여 모든 죄에서 벗어나라. 하나의 선행은 그 배후에 또 다른 선행을 이끌어오며, 하나의 죄는 또 다른 하나의 죄를 낳는다. 덕행의 보수는 덕행이다. 그러나 죄에 대한 보수는 오직 벌이다.

- 탈무드

선을 베풀고 눈에 보이는 보수를 바라지 말라. 선행에 대한 보수는 그 선행과 동시에 그대가 받고 있는 것이다. 악행을 저지르고도 눈에 보이는 보복이 없다고 해서 신기하게 여기지 말라. 그 보복도 이미 그대의 마음속에 존재하고 있는 것이다.

date /

hour / minute:

하루 한 번 나를 만나는 시간

hour / minute:

하루 한 번 나를 칭찬하는 시간

내일을 위한 오늘의 단어 하나

다른 사람의 악습만큼 전염되기 쉬운 것은 없다

사회 일반의 통념을 좇아 생활한다는 것은 매우 쉬운 일이다. 그러나 혼자서 있을 때에는 오직 자기 생각대로 할 수밖에 없다. 사람들 사이에 있으면서 혼자 있을 때와 같이 자주성과 겸허한 마음을 지속해나갈 수 있는 사람은 참으로 굳센 사람이다.

– 랠프 월도 에머슨

신심이 없는 사람의 모의에 가세하지 않고, 죄 있는 자의 길에 서지 않으며, 신을 모독하는 자리에 앉지 않는 사람은 행복하다. 다른 사람의 악습만큼 전염되기 쉬운 것은 없다. 남의 악습을 보면 그것이 곧 자신의 마음에 깊은 인상을 남긴다. 그리고 그러한 악습의 영향이 없었더라면 결코 하지 않았을 것 같은 행위를 우리는 번번이 저지르고 마는 것이다.

– 존 러스킨

등불을 든 사람은 결코 길의 끝까지 이를 수 없다. 등불이 비추는 장소는 언제나 그 사람의 앞이기 때문이다. 인생에서 이지(理智)는 그런 등불 같은 것이다. 이지의 생활에서 죽음은 존재할 수가 없다. 그 등불은 끊임없이 최후의 시간까지도 비추고, 그대는 그 뒤를 따라서 언제까지나 걸어가야 하기 때문이다.

date / 　　　　　/ 　　　　/

hour / minute:

하루 한 번 나를 만나는 시간

hour / minute:

하루 한 번 나를 칭찬하는 시간

내일을 위한 오늘의 단어 하나

인간의 존엄성과 자유는 당연한 권리이다

만일 그대가 참으로 자유롭고자 한다면, 신에게서 받은 것을 신께 보답할 각오가 항상 되어 있어야 한다. 그대는 죽음뿐 아니라 고뇌나 시련에 대해서도 준비하지 않으면 안 된다. 사람들이 진리를 위해서가 아니라 허위나 현재의 자유를 위하여 목숨을 던지는 일이 얼마나 흔하게 일어나는가. 그리고 인생의 무거운 압력에서 벗어나기 위해 자신을 말살해버리는 경우도 많다. 만일 그대가 참된 자유에 대한 대가를 지불하는 데 인색하다면, 그대는 노예일 수밖에 없다. 그대 자신이 제왕이 되었다 해도 말이다.

– 에픽테토스

만일 자유롭게 살고 있지 못하다는 생각이 들거든 그 원인을 자기 자신 속에서 찾아라.

인간의 존엄성을 무시당했을 때만큼 괴로운 일은 없다. 남에게 예속되는 것만큼이나 몸을 천하게 하는 일은 없다. 인간의 존엄성, 그리고 인간의 자유는 당연한 권리이다. 존엄성과 자유를 지켜라. 그렇게 하지 못한다면 그것을 위해 목숨을 버릴 수 있어야 한다.

– 키케로

사람들 중에는 혼자서만 생활하는 사람이 있다. 벌레 중에서도 홀로 사는 것들이 있다. 이렇게 홀로 살고 있는 것들은 이 세상에 자기만이 있는 줄 알고 생활의 전부를 오직 자기만을 위해서 요구한다. 이러한 모순은 고치기가 매우 어렵다.

date / ____ / ____

hour / minute:

하루 한 번 나를 만나는 시간

hour / minute:

하루 한 번 나를 칭찬하는 시간

내일을 위한 오늘의 단어 하나

진리는 위대한 책이 아니라 평범한 이들의 이야기나 편지에 담겨 있다

우리에게 아직 남아 있는 과거의 낡은 법칙을 고취하려는 것은, 현대인에게 몇 세기 전에 살았던 조상들의 집이나 그들이 썼던 무기를 주는 것과 마찬가지이다.
– 맬러리

위대한 작가라고 칭송받는 사람이 쓴, 특히 중요하고 깊은 뜻을 담았다는 책들은 대개 참된 진리를 알기 위해서는 방해가 되는 것이다. 신의 진리는 도리어 아이들의 외마디소리나 바보들의 헛소리, 또는 광인의 꿈에서 찾을 수 있다. 또는 단순한 사람의 이야기나 편지를 통해서도 찾을 수 있다. 위대하고 신성한 책이라는 말을 듣는 작품에서는 오히려 빈약하고 허위의 사상밖에는 찾지 못하는 수가 있다.

우리가 전통적이고 명백한 진리라고 생각하는 것들은 많다. 그러나 그런 생각은 우리가 그것에 대해 진지하게 따져보지 않았다는 사실에 지나지 않는 것이다.
– 로드

죄악의 대부분은 사람들의 나쁜 의지 때문이 아니라, 일반에 전염병처럼 퍼진, 사람들이 진리라고 믿는 거짓 사상 때문에 일어나는 것이다.

date /　　　　　　　　/

hour / minute:

하루 한 번 나를 만나는 시간

hour / minute:

하루 한 번 나를 칭찬하는 시간

내일을 위한 오늘의 단어 하나

지나가버린 때는 아무리 기다려도 다시 돌아오지는 않는다

만일 그대에게 불행이 닥쳐오거든, 그 원인을 그대의 행위가 아닌 그 행위를 하도록 한 사상에서 찾아보라. 또 만일 어떤 사건이 그대를 슬프게 하며 고통에 빠뜨릴 때, 그 원인을 사람들의 행위보다도 그 사건을 일으킨 사람들의 사상에서 찾아보라.

악한 사상, 간음, 살생, 도둑질, 비방 등의 죄악은 인간의 마음속에서 생겨나는 것이다.
- 성경

지나가버린 때는 아무리 기다려도 다시 돌아오지는 않는다. 한번 저지른 죄악은 아무리 애를 써도 지워버릴 수가 없다.
- 존 러스킨

말은 행위의 씨앗이다. 기억하라. 말 속에 사상의 열매가 맺히는 것이다. 그러나 누구든지 말이 얼마나 큰 뜻을 갖게 되는지를 생각하려고 하지 않는다.

date /

hour / minute:

하루 한 번 나를 만나는 시간

hour / minute:

하루 한 번 나를 칭찬하는 시간

내일을 위한 오늘의 단어 하나

현재라는 시간 속에서
인간은 늘
자유 그 자체이다

오늘이란 무엇인가. 우리가 미래에 살고, 또한 지금 살고 있는 영원성의 모델에 불과할 것이다.
– 마르티노

흔히 이런 말들을 한다. "인간은 자유롭지 못하다. 왜냐하면 인간은 정해진 운명이라는 것을 가지고 있기 때문이다." 라고. 그러나 인간은 오직 현재에서만 행위하고 있는 것이다. 그리고 현재는 시간이라는 것의 밖에 있다. 현재는 과거와 미래라는 두 시간이 접촉하는 한 점에 지나지 않는다. 그러므로 현재라는 시간 속에서 인간은 늘 자유 그 자체인 것이다.

인간은 모두 혼자 죽는다. 고독할 때 인간은 참다운 자신을 느낀다.

육체가 정신을 괴롭히지 않으며, 또 육체가 생활을 지배하지 못하도록 그대의 육체를 정신과 일치시켜라. 그때 그대는 모든 진실을 완수하여 신의 힘 속에서 평화를 얻을 수 있을 것이다.

date /

hour / minute:

하루 한 번 나를 만나는 시간

hour / minute:

하루 한 번 나를 칭찬하는 시간

내일을 위한 오늘의 단어 하나

악한 사람에게 칭찬받지 않는 것이야말로 진정한 칭찬이다

외면적인 영예에서 행복을 구하는 인간은 모래 위에 집을 짓는 인간이다. 기초가 튼튼한 행복은 내면적 조화에서만 얻을 수 있는 것이다.
- 맬러리

자기를 칭찬해주는 사람의 수가 많고 적은 것보다는 칭찬해주는 사람이 선한 사람인지 악한 사람인지가 더 중요하다. 악한 사람에게 칭찬받지 않는 것이야말로 진정한 칭찬이다.
- 맬러리

움직이는 배 위에 서서 갑판을 내려다보면 배가 움직이고 있는 것을 느끼지 못한다. 그러나 멀리 있는 나무나 언덕을 바라보면 배가 움직이고 있음을 느낄 수 있다. 그와 같이 인생에서도 모든 사람이 같은 길을 걷고 있을 때는 서로 아무것도 볼 수 없지만, 그중 한 사람이 신의 길을 걷고 있으면 다른 사람들이 얼마나 사악한 생활을 하고 있는가를 깨닫게 된다. 그리고 그 때문에 사람들은 그 한 사람을 무리에서 추방하려고 한다.
- 파스칼

사람들 속에는 선과 악이 함께 존재한다. 그러나 나아갈 길은 모두 선이거나 모두 악이거나 둘 중의 하나이다.

date / / /

hour / minute:

하루 한 번 나를 만나는 시간

hour / minute:

하루 한 번 나를 칭찬하는 시간

내일을 위한 오늘의 단어 하나

선이란 모든 것에 꼭 필요한 양념이다

대부분의 경우 사람들은 자신의 내면세계가 매우 광대한 바다인 것처럼 믿고 있다. 그렇기 때문에 그 세계를 탐험할 결심이 서지 않는 것이다. 그러나 한 번은 그 사람들도 그 세계로 들어가야 할 것이다. 그리고 그 속에서 그동안 세상 밖에서 열심히 찾았음에도 발견하지 못한 신의 항구를 찾을 수 있을 것이다.

많은 사람들이 신을 이해해보려고 애쓰고 있다. 그러나 자기 자신을 이해해보려는 사람은 드물다. 자기 자신을 올바로 이해하게 되는 찰나에 그들은 신을 이해할 것이다. 신을 이해하는 길은 그것밖에는 없기 때문이다.
– 맬러리

사람은 오직 자기 자신 속에서만 이 세상에서 참된 사명을 다할 수 있는 힘을 발견할 수 있다.

선이란 모든 것에 꼭 필요한 양념이 된다. 아무리 좋은 성질을 가진 것도 선 없이는 아무 소용이 없다. 가장 큰 죄악도 선에 의하여 용서되는 것이다.

date / /

hour / minute:

하루 한 번 나를 만나는 시간

hour / minute:

하루 한 번 나를 칭찬하는 시간

내일을 위한 오늘의 단어 하나

선을 성취한 뒤에 오는 것은 기쁨이다

성인은 융통성 있는 마음을 가지고 있다. 그는 모든 사람의 마음에 자신의 마음을 적용한다. 덕 있는 사람에게는 덕으로 대하고, 죄 많은 사람에게는 미래에 높은 덕성을 가질 수 있는 사람으로 대하는 것이다.
– 동양 잠언

선행을 실천하지 않는 사람일수록 오히려 쓸데없이 커다란 선만 생각하는 법이다.
– 공자

선을 성취한 뒤에 찾아오는 것은 기쁨이다. 그러나 만족은 아니다. 선이란 그 이상의 것으로 발전시키지 않으면 안 된다는 필요성을 느끼게 하는 것이다.

가장 단순하고 실재적이며, 또한 모든 사람들의 행복을 실현시킬 것을 목적으로 하는 가르침은 믿지 않으려고 해도 믿지 않을 수 없게 된다. 그것이 바로 오직 하나의 참된 가르침이다.

date /   /   /

hour / minute:

하루 한 번 나를 만나는 시간

hour / minute:

하루 한 번 나를 칭찬하는 시간

내일을 위한 오늘의 단어 하나

완전한 자유는 아무것도 바라지 않을 때 얻을 수 있다

육체노동을 게을리하면 예언자라 해도 힘을 잃고 진리를 잃을 것이다. 나는 믿는다. 현대철학이나 문학이 빠져 있는 과오나 죄악, 그것이 지나치게 섬세하고 음탕하며 우울한 것은 작가들이나 철학자들의 생활이 너무 약하고 병적인 습관에 빠져 있기 때문이다. 훌륭한 책은 많이 나오지 않아도 좋다. 다만 책을 쓰는 사람들이 오늘날과 같은 상태에서 벗어날 수만 있다면 얼마나 좋아질 것인가.
– 랠프 월도 에머슨

욕구를 많이 가질수록 사람은 많은 것에 예속되고 만다. 많은 것에 욕구를 느끼면 느낄수록 점점 더 자유를 잃어버리기 때문이다. 완전한 자유는 아무것도 바라지 않을 때 얻을 수 있다. 욕구를 적게 가지면 가질수록 사람은 한층 더 자유롭다.
– 조로아스터

사람을 낚으려는 악마는 여러 가지 맛있는 미끼로 유혹한다. 그러나 게으른 사람에게는 그것마저도 필요하지 않다. 왜냐하면 미끼 없는 낚시에도 걸려들기 때문이다.
– 랠프 월도 에머슨

부정한 일에 종사하는 것은 수치스러운 일이다. 그러나 도덕적으로 가장 부정한 일은 육체노동을 게을리하는 것이다.

date /   /   /

hour / minute:

하루 한 번 나를 만나는 시간

hour / minute:

하루 한 번 나를 칭찬하는 시간

내일을 위한 오늘의 단어 하나

최소한의 요구는 최고의 행복에 다가가는 길이다

새로운 욕망이란 새로운 결핍의 시초이며, 또한 새로운 파멸의 시초이다.

식물을 풍성하고 튼튼하게 기르려면 가지치기를 해야 한다.

향락과 사치, 이것을 그대는 행복이라 부르고 있다. 그러나 나는 아무것도 바라지 않으며 원하지 않는 곳에 최고의 행복이 있다고 생각한다. 또한 최소한의 요구는 최고의 행복에 다가가는 길이다.
- 소크라테스

큰일을 하고 있는 사람은 누구나 항상 단순하다. 그는 쓸데없는 일을 생각할 틈이 없기 때문이다.

date / ___ / ___

hour / minute:

하루 한 번 나를 만나는 시간

hour / minute:

하루 한 번 나를 칭찬하는 시간

내일을 위한 오늘의 단어 하나

자기의 힘으로 얻은 지식은 두뇌 속에 자취를 남긴다

기도할 때는 부질없는 군말을 하지 말라. 군말은 이교도들이나 하는 것이다. 그들은 말을 많이 할수록 신이 그 소원을 들어준다고 생각하기 때문이다. 이교도의 흉내를 내지 말라. 신은 그대가 무엇을 원하기 전에 이미 그대의 소망을 알고 있는 것이다.
- 성경

기도는 언제나 할 수 있다. 가장 필요한 기도는 일상생활 속에서 신과 그 가르침에 대한 자기 자신의 의무를 생각해보는 것이다. 마음이 혼란스럽거나 분노와 격정이 일 때마다 나는 무엇이며, 또 무엇을 해야 하는가를 생각해보라. 기도는 그 안에 있는 것이다. 그것은 처음에는 어려운 일일는지도 모른다. 그러나 습관이 되면 곧 익숙해지기 마련이다.

노력은 적게 하면서 빠른 시일 내에 많은 지식을 얻으려는 것은 무익한 짓이다. 그런 지식은 잎만 무성하게 할 뿐 정작 필요한 열매를 맺지 못한다. 방대한 지식을 자랑하면서도 그 지식이 수박 겉핥기에 불과한 사람을 흔히 본다. 자기의 힘으로 얻은 지식은 그 자신의 두뇌 속에 자취를 남길 것이다. 그 지식에 의해 그는 자신의 갈 길을 알 수 있을 것이다.
- 리히텐베르크

이른바 학문을 하는 사람들이 논의하고 있는 것은 보통 사람들에게 이해되지 않을 뿐만 아니라, 본인 자신도 이해하지 못하는 경우가 흔하다. 학문의 진정한 목적은 모든 사람에게 행복을 가져다주는 진리를 인식하는 것이 아닐까?

date / / /

hour / minute:

하루 한 번 나를 만나는 시간

hour / minute:

하루 한 번 나를 칭찬하는 시간

내일을 위한 오늘의 단어 하나

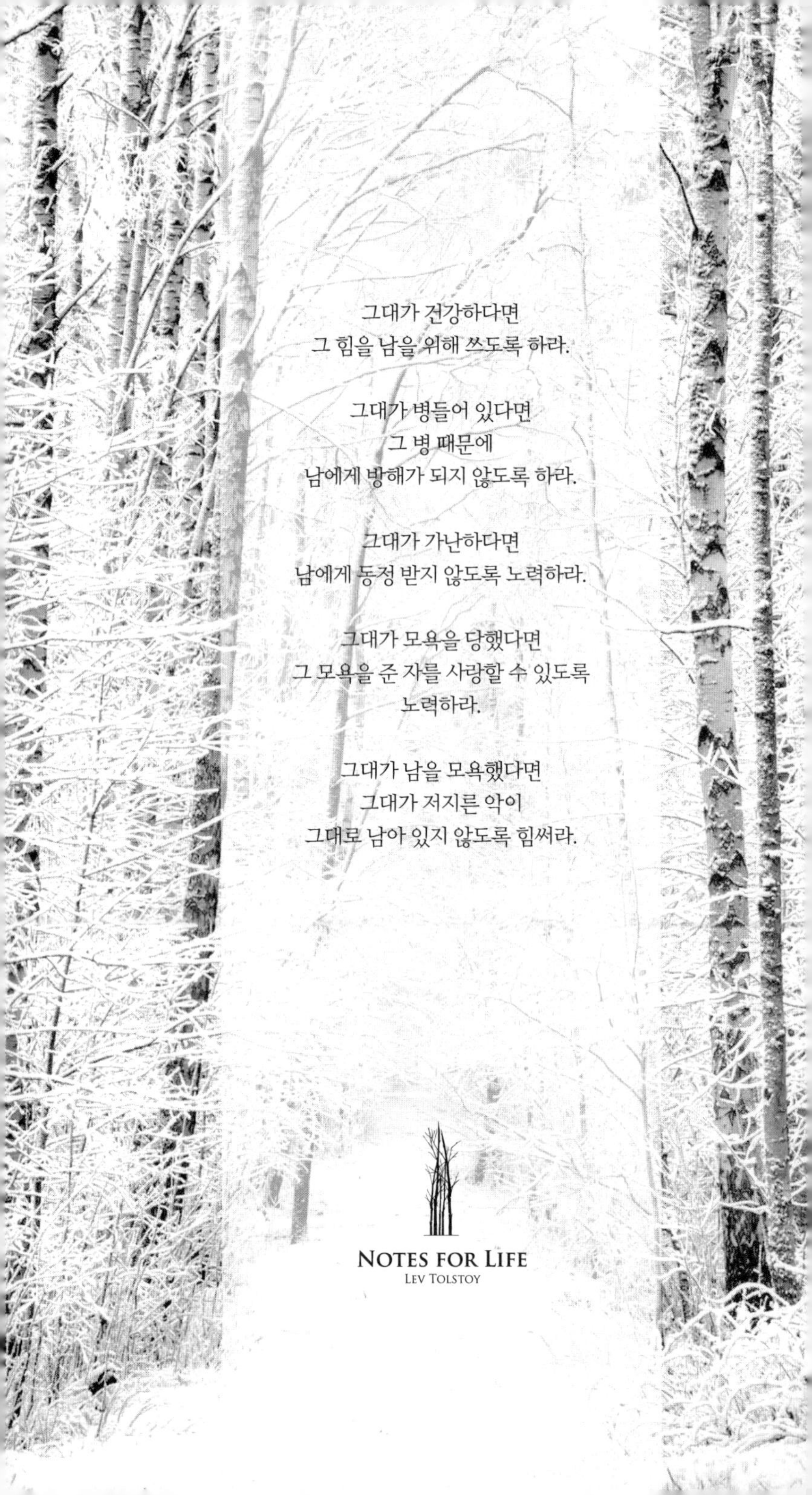
그대가 건강하다면
그 힘을 남을 위해 쓰도록 하라.
그대가 병들어 있다면
그 병 때문에
남에게 방해가 되지 않도록 하라.
그대가 가난하다면
남에게 동정 받지 않도록 노력하라.
그대가 모욕을 당했다면
그 모욕을 준 자를 사랑할 수 있도록
노력하라.
그대가 남을 모욕했다면
그대가 저지른 악이
그대로 남아 있지 않도록 힘써라.
NOTES FOR LIFE
LEV TOLSTOY